これから3年株で攻める!

杉村富生
Tomio Sugimura

Subarusya

◎まえがき

◆「失われた30年」の克服を目指す「怒りの猛反騰劇」が始まった！

日本の株式市場は「失われた30年」の克服を目指す壮大な急騰相場を展開している。目先の値動き（波乱）に一喜一憂する必要はまったくない。筆者は「怒りの猛反騰劇」と称している。バブル崩壊後、日米の家計資産、株式市場のスケール（時価総額）は取り返しのつかないほど差がついてしまった。まさに、金融政策のミス、政治の迷走、改革を忘れた経営者などのツケである。

これが２０１３年以降、劇的に変化してきた。すなわち、日米再興戦略の推進（その効果の顕在化）に加え、デフレ脱却、製造業の国内回帰、新工場の建設ラッシュ、インバウンド（訪日外国人）の回復、預・貯金偏重の是正などが起こっている。もちろん、新ＮＩＳＡのスタートは「投資の時代」の呼び水となろう。

経営者の意識は大きく変わった。増配、株式分割、自社株買い、Ｍ＆Ａの活発化が好例だ。企業がため込んだ５００兆円もの資金の有効活用である。これが企業の投資価値を向上させ、中・長期的な株高につながる。

建設ラッシュは工場（物づくり）だけではない。巨大なテーマパークの建設計画が相次いで打ち出されている。

沖縄県北部ではユニバーサルスタジオ・ジャパン出身者による「ＪＵＮＧＬＩＡ」（ジャングリア）プロジェクト、神奈川県横浜市では、**三菱地所（８８０２）**主導の上瀬谷通信施設跡地の再開発「ＫＡＭＩＳＥＹＡ　ＰＡＲＫ」などがそうだ。このほか、ユニークな計画が目白押しとなっている。これらは、年間ベースでは３０００万人を超えたインバウンドを意識したものだろう。

もちろん、政局の混迷（岸田政権の支持率低下、閣僚の不祥事等）、自然災害（地震、台風、豪雨、噴火等）、トランプ氏再選（２０２４年11月のアメリカ大統領選挙）、円高圧力（日米の金融政策の違い）などのリスク要因は存在する。

しかし、「危機はかならず克服される」（パニックは政策の母）、これが歴史の教訓だ。それに株式投資において重要なのはトレンド（流れ）である。日本の株式市場は明らかに変わった。東証プライム市場１６５８社（２０２３年12月25日時点）の時価総額（８３２・３兆円）が、アメリカのアップル（ＡＡＰＬ）、マイクロソフト（ＭＳＦＴ）の２社よりも少ないというのは、どう考えてもおかしいではないか。

◆これから3年、日本の有望厳選株で攻めまくろうじゃないか！

出遅れているのはPER（株価収益率）、PBR（株価純資産倍率）などの指標だけではない。先述のような時価総額などのスケール面での〝割安感〟もある。「怒りの猛反騰劇」とは、この修正との見方ができる。

そのように考えれば、この歴史的な株式市場の出来事に乗り遅れては絶対いけないと思う。そう、先人は「続く流れに逆らうな、ついていくのが儲けの道」と教えているではないか。

本書はこのような考え方に基づき、どのようなアプローチと銘柄で資産を増幅させていけばよいかを論じている。具体的には、現状を正しく認識するために、まず第1章で本格的な投資の時代が到来した投資環境について検証した。そこで導き出されたのは、日経平均株価「史上最高値3万8915円奪回」は〝始まりの号砲〟にすぎないという結論である。

第2章以降はこの相場展望を踏まえ、4つのアプローチ別に大活躍が見込める銘柄をピックアップした。すなわち、第2章ではPBR1倍の奪回が見込める有力株を取り上げ、第3章では投資の神様、ウォーレン・バフェット氏が5大商社の次に狙う銘柄を大胆推理した。これは、バフェット氏の投資戦術を筆者の独自目線で読み解き、８つのカテゴリー別に氏が好みそうな銘柄を導き出したものである。

さらに、第4章では有望テーマを内包する大化け候補銘柄に焦点を当て、第5章では地道な株式貯蓄で株長者を目指すための珠玉株を厳選した。いずれも長期投資である。

そして最後は、２０２４年の「市場別」勝負銘柄を巻末特別付録として掲載した。第２~5章で取り上げたのは、２０２４~２０２６年までの3年間に大活躍が期待できる銘柄であり、巻末特別付録では、これらとは投資期間が異なる（1年間の短期に狙える）点、ご理解いただきたい。

コロナ禍を克服した日本の株式市場は、国内外の波乱要因（短期的なショック安）を乗り越えつつ、雄大な上昇相場を形成するだろう。時は来た。このチャンスを逃してはならないと思う。

株式投資は日本株（有望厳選株）の直球勝負で間違いない。これから3年、攻めて、攻めて、攻めまくろうじゃないか。

２０２４年1月

杉村　富生

〈まえがき〉

これから3年　株で攻める！《目次》

第1章 本格的な〝投資の時代〟が到来！
日経平均史上最高値3万8915円奪回は「始まり」の号砲！

第2章 PBR1倍奪回作戦に乗る！

東証による異例の経営改善要請は株主優遇→株高を招く

第3章 ウォーレン・バフェット氏に学ぶ！
総資産17兆円超ともいわれる「投資の神様」バフェット氏は5大商社株の次に何を買うのか？

第4章 有望テーマと大化け候補株！

2024年以降大活躍が見込まれる5つのテーマと関連銘柄を独自の目線でピックアップ

巻末特別付録　2024年の「市場別」勝負銘柄！

（注）本書に掲載したチャートの銘柄表記は、ゴールデン・チャート社に準じています。また、日経平均株価は、正式には小数点第2位の銭単位までありますが、本書では煩雑になるのを避けるため、小数点以下は切り捨てて表記しています。なお、本書に掲載された内容は、情報の提供のみを目的としています。投資、運用における判断は、読者各位の責任において行なってください。

〈第1章〉

本格的な“投資の時代”が到来！

日経平均史上最高値3万8915円
奪回は「始まり」の号砲！

２０２４年以降、日経平均株価は４万６０００円を目指す展開に

◆日本再生を評価↓長期低迷のうっぷんを晴らす猛反騰劇がスタート

２０２３年９月現在、アメリカの家計資産は１５３・３兆ドルである。これは直近の為替レートでは約２京２０００兆円に相当するが、コロナ禍の３年間に32兆ドル（同４６００兆円）増えた。この増加額は30年間ほとんど増えなかった日本の家計資産（約３１００兆円）を大きく上回る。

情けないというか、悲しい話である。しかし、日本でもようやく「失われた30年」の克服に向けた動きが始まった。これは、日本再生（２０１３年に始まった日本再興戦略、企業統治改革）を評価し、長期低迷のうっぷんを晴らす「怒りの猛反騰劇」にほかならない。もちろん、個人の金融資産２１２１兆円が動き始めている。

２０２３年の日経平均株価は、年初（１月４日の大発会）の安値２万５６６１円が、

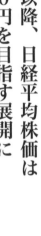

◉外国人の売買動向

	現物	先物	計
2020年	▲3兆3,636億円	▲2兆7,405億円	▲6兆1,041億円
2021年	3,433億円	▲2兆8,204億円	▲2兆4,771億円
2022年	▲2兆2,501億円	▲2兆6,253億円	▲4兆8,754億円
2023年 1月	5,090億円	7,550億円	1兆2,640億円
2月	1,865億円	1兆893億円	1兆2,758億円
3月	▲2兆2,503億円	▲1,502億円	▲2兆4,005億円
4月	2兆1,511億円	8,849億円	3兆360億円
5月	2兆3,907億円	1兆803億円	3兆4,710億円
6月	1兆5,705億円	▲6,936億円	8,769億円
7月	4,043億円	3,347億円	7,390億円
8月	▲4,082億円	7,046億円	2,964億円
9月	▲2兆315億円	▲1兆326億円	▲3兆641億円
10月	9,648億円	▲1兆8,684億円	▲9,036億円
11月	1,291億円	1兆4,143億円	1兆5,434億円

（出所）報道資料をもとに筆者作成

（注）▲は売り越し。外国人は3月、9月に売り越す習性がある。これはアメリカの年度末に加え、配当取り忌避（二重課税を嫌う）があると考えられる。

11月20日にはザラバベースで3万3853円まで上昇した。この間の上昇率は31・9％であり、これは実に33年ぶりの歴史的な出来事である。

外国人は、2022年に先物を含め4兆8754億円売り越した。しかし、2023年は上半期（1～6月）だけで8兆円に迫る買い越しとなっている。その差（プラス・マイナス）は、実に12兆円強に達する。

よく知られているように、外国人は東京株式市場の委託売買代金において、シェアの6～7割を占める最大の投資主体である。よって、外国人が買えば株価は上がる。当然のことではないか。

日経平均株価は高値をつけたあと、反動安→調整局面入りとなった。これは、国内年金のリバランス（ポートフォリオ修正）などに影響されたものといわれているが、中・長期的に見れば、バブル期終盤の1989年12月29日につけた史上最高値3万8915円（終値）の奪回は時間の問題だろう。世界的に株高傾向は続いている。

足元（2023年冬）ではウクライナ戦争、中東情勢の緊迫化、台湾有事の懸念など地政学リスクが存在する。しかし、危機は必ず克服される。これは「歴史の教訓」である。

◆株価純資産倍率、株主資本利益率の向上が想定外の株高をもたらす

筆者は2024年以降、日経平均株価は4万6000円を目指すと考えている。その根拠は、日経平均株価のPBR（株価純資産倍率）が大きく伸びる可能性を秘めている点にある。原稿執筆時、上場企業の売上高営業利益率は欧州の9・47％に対し、日本は6・63％にすぎない。これは長らく続いたデフレ経済によって、日本では値上げができなかった影響が大きい。しかし、ここにきて、製品価格などの上昇にみられるように、値上げが浸透しつつある。

すなわち、日本ではあらゆる場面で値上げが続いており、売上高営業利益率が欧州並みになる可能性がある。PBRと相関関係にあるROE（株主資本利益率）も、9％→13％程度に上昇（約1・4倍）する余地があろう。

直近ベースで日経平均株価のBPSは、およそ2万5220円である。BPSは上場企業の純資産（資産－負債）÷発行済み株式数で算出される「1株当たり純資産」であり、PBRは株価÷BPSで求められる。

よって、日経平均株価が3万2790円のとき、PBRは約1・3倍（3万2790円÷2万5220円）になる。今後、この水準がROEの向上につれて上がれば、PB

Rも1・82倍程度（1・3倍×1・4倍）の上昇が見込める。そうなれば、日経平均株価が4万6000円（2万5220円×1・82倍）に接近しても不思議ではなかろう。これは無理な注文ではないと思う。

原稿執筆時において、日経平均株価は3万3000円近辺で推移している。これは史上最高値3万8915円の85％水準となる。値幅にしてあと5900円程度上がれば、待望の大台クリアが実現する。しかし、この最高値奪回は「始まり」の号砲にすぎない。したがって、2024年以降の3年間は、市場関係者、個人投資家にとって極めて重要、かつ投資妙味の大きい時期になるだろう。

なお、2023年1〜6月に日経平均株価は約8100円幅の急騰劇を演じたが、この間の外国人の買い越し額は約7・5兆円だった。外国人はIMF（国際通貨基金）の景気見通しをもとに、ローカルアロケーション（ポートフォリオ）を構築する傾向がある。

10月10日改訂分では2023年について、日本は0・6％ポイント上方修正の2・0％だった。上昇幅はアメリカ（0・3ポイント）、インド（0・2ポイント）を上回っている。

これを受け、外国人買いが入ってくるのは間違いないだろう。実際、このところブ

◉IMF世界経済見通し

国・地域別実質GDP成長率（%）				
	2023年	前回比	2024年	前回比
世界	3.0	0.0	2.9	▲0.1
先進国	1.5	0.0	1.4	0.0
アメリカ	2.1	0.3	1.5	0.5
日本	2.0	0.6	1.0	0.0
ユーロ圏	0.7	▲0.2	1.2	▲0.3
ドイツ	▲0.5	▲0.2	0.9	▲0.4
新興国	4.0	0.0	4.0	▲0.1
中国	5.0	▲0.2	4.2	▲0.3
インド	6.3	0.2	6.3	0.0
ASEAN	4.2	▲0.4	4.5	0.0

（出所）IMF
（注）▲はマイナス

ラックロック、アムンディ、シュローダ、カルパースなど巨大ファンドの日本株投資判断引き上げが相次いでいる。現状は「弱気」を「中立」に戻しているだけなのだが、これによる買い余力は「10兆円に達する」（大手証券）という。

国際マネーはアメリカ市場のマグニフィセント・セブン（時価総額上位7社）の急騰にみられるように、巨大IT企業に集中投資を行なっている。

しかし、現状は「やや行きすぎ」（市場関係者）との声がある。その場合、全体的に出遅れ感の著しい日本株が買われると思う。

経営者の意識が激変し、企業統治改革が進展
増配、自社株買い、株式分割は企業価値向上の現れ

◆2023年3月期の配当金総額は過去最大の15兆円超！

チャート的にはどうか。日経平均株価は史上最高値3万8915円→バブル崩壊後の安値7568円（2009年2月）に対し、半値（2万3242円）戻し→3分の2（2万8466円）戻しを達成している。もちろん、2024年以降の3年間、短期的な急落はいくどかあるだろう。それを乗り越え、全値戻し→一段高の展開となる公算が大きい。日本市場は変わったのだ。現状はそれを評価する動きである。

この見方に自信を深めているのは、テクニカル的な要因だけではない。ほかに株式相場を後押しする支援材料がいくつも存在する。1つ目は、経営者の意識改革、考え方の大転換である。上場企業の経営者の意識は激変した。ほんの少し前まで、多くの上場企業（特に大企業の経営者）は「安定かつ堅実な経営」を錦の御旗のように掲げ、「不測

の事態に備えるため」などと主張して利益を貯め込むことに腐心した。何しろ、2022年度における大企業（資本金10億円以上）の内部留保の額は511兆円に達する。

結果的にこの間、設備投資、人材投資、研究開発は抑制され、株主還元策は軽視された。この結果、利益剰余金などの内部留保は積み上がったものの、技術開発、新しいサービスの提供などに遅れを取り、国際競争力は著しく低下した。**任天堂（7974）**の場合、有利子負債はゼロ、現・預金が2・4兆円強ある。

もちろん、全般的に株価は低迷したが、これは企業経営者が最も注力すべき「企業価値の向上」を怠ったツケだといえる。しかし、ここにきて企業の統治改革が進展し、増配、自社株買い、株式分割などを行なう企業が急増している。実際、日本企業の2023年3月期における配当金総額は15兆円を超え、配当と自社株買いを合わせた総額は約24兆円に達している（2022年度）。かつては「3兆円の壁」といわれた時代もあったが、もちろん、これは過去最大である。

株主還元に積極的な企業としては、**日本たばこ産業（2914）**、**あおぞら銀行（8304）**、**神戸製鋼所（5406）**などがよく知られており、この3社の年間予想配当利回りは5％前後と高い。また、人気株となった**三菱商事（8058）**をはじめとする5大総合商社（第3章で詳述）も、配当利回りは高い。バークシャー・ハザウェイのウォーレン・バフェット氏が買うのは当然だろう。

一方、配当利回りの低い企業に対し、株主、市場の見方は厳しい。**住友不動産（8830）**の配当利回りは、現状、2％に満たない。このため、同社では今後、年間7円の増配を毎年実施していくことを株主還元強化の方針とした。このような株主、市場の〝圧力〟に応じる形で増配を実施する企業も増え続けるだろう。大手不動産会社の場合、所有ビルの含み益を株主に還元する方針を明らかにしている。

◆増配＋自社株買いのオンパレード、主力企業の株式分割にも注目

このほか、株主還元強化の具体例をあげれば枚挙に暇《いとま》がないが、**ホンダ（7267）**は株式分割後の2024年3月期、過去最高となる58円配当を実施し、発行済み株式数の4％に相当する自社株を取得（最大2000億円）する。また、**シチズン時計（7762）**と**ウシオ電機（6925）**は、ともに発行済み株式数の17％を取得すると発表し、市場関係者の注目を浴びた。まさに、「株価を意識した経営」である。

株式分割では、**日本電信電話（9432＝以下NTTと称す）**が2023年7月1日

付けで1株を25株にするという驚くべき株式分割を行ない、大きな話題を呼んだ。この結果、同社株の最低投資金額（100株）は1万8000円以下となっている。同社の島田明《しまだあきら》社長は、報道によると若年層に株式を保有してもらうことを狙いとしているようだが、これは2024年に始まる新NISA（新型少額投資非課税制度）を強く意識した方針だろう。

もちろん、同社株は政府が保有する株式を売却することによって、それを防衛費増額財源などに充当するのではないか、という見方が根強い。その受け皿として株主層の拡大が求められているわけだが、今後は株価の安定維持のためにも増配、株主優遇策の向上が期待できる。ちなみに、直近の年間配当利回りは3％近くある（年間配当5円÷173・9円×100％）。完全民営化の流れは株価に好影響となろう。

それはともかく、若年層、余裕資金の少ない人たちにとって購入可能な株式の拡大は、もはや「国策」といえるのではないか。これは、政府、東証（東京証券取引所）の考え方の変化（日本再興戦略↓貯蓄から投資の時代の実現）を表したもの、と理解できる。

東証は2023年7月末、上場企業株の望ましい最低投資額（5万円以上50万円未満）について、下限部分の5万円以上を撤廃することを決めた。これはNTT株が1万円台で購入できるようになったこと（株式の25分割）と、深く関係している。政府、東証、NTTのシナリオ（国策）に基づいた施策だと思う。

貯蓄から投資の時代を実現するには、国民の多くが少額であっても株式を保有する必要がある。2024年導入の新NISAは、その切り札になり得る。

ただ、依然として最低投資額が何百万円もする銘柄も存在する。センサーの世界的企業、**キーエンス（6861）**の時価は約6万円もするため、最低売買単位の100株でも600万円以上ないと購入できない。東証はこのような企業に引き下げを促しているが、それが実現すればポートフォリオに組み入れる銘柄の選択肢が増えることになる。投資家層の拡大のためには、ぜひ早期に実施してもらいたいと希望する。

◆PBR1倍未満の解消が時価総額10兆円企業の増加をもたらす

東証は2023年3月末、PBR1倍未満企業を対象に、株価を上昇させるための具体策を示し、実行するよう要請した。PBR1倍未満企業は、株価が解散価値を下回っていることを意味するが、これは株主資本の価値を棄損《きそん》していることにほかならない。期限は2025年3月末である。

日本株が低迷したのは、総還元性向が低すぎたことにある。総還元性向は純利益を配当と自社株買いにどれだけ振り向けたかを示す指標だが、長らく日本企業のそれはアメリカ主要企業の半分程度にとどまっていた。もはや、「安定配当」の時代ではないだろう。

企業価値を向上させるためには、現金を貯め込む経営ではなく、それを生かす経営に変える必要がある。これが日本経済の変革につながり、この動きを評価した外国人の日本株買いが株価を押し上げた。改めて述べるまでもない。個人もそうだが、「お金に働いてもらう」という感覚が求められる。

バブル崩壊後、日本はデフレ、少子高齢化の加速に伴うマーケットの縮小、消費の低迷に苦しんだ。一方、「失われた30年」によって日本企業の時価総額が低迷するなか、アップル、マイクロソフト、アルファベットに代表されるアメリカ企業は急成長を遂げた。この3社の直近の純利益は32兆円もあり、原稿執筆時点では、アップルの時価総額は438・7兆円、マイクロソフトは402・9兆円、アルファベットは244・7兆円に達する。

1980年代、日本企業は世界の時価総額（株価×発行済み株式数で算出）トップ10

の常連だった。２０２３年現在、そこに日本企業の姿は1社もないが、「失われた30年」の終えん→日本再興によって過去の栄光を取り戻すことは不可能ではない、と思う。

実際、「怒りの反騰劇」によって、時価総額10兆円の大台に乗せた日本企業が増えている。２０２３年7月には、過去最高となる12社が「10兆円倶楽部」の仲間入りを果たしている。

ちなみに、２０２３年12月26日時点で時価総額10兆円を超える日本企業は、**トヨタ自動車（７２０３）**の約41・5兆円を筆頭に、**ソニーグループ（６７５８）**、**ＮＴＴ（９４３２）**、**キーエンス（６８６１）**、**三菱ＵＦＪフィナンシャル・グループ（８３０６）**、**東京エレクトロン（８０３５）**、**信越化学工業（４０６３）**、**ファーストリテイリング（９９８３）**、**ＫＤＤＩ（９４３３）**の9社ある。

ただし、上記9社のうち、時価総額最大の日本企業であるトヨタ自動車も、２０２３年6月中旬にようやくＰＢＲ1倍台に乗せたばかりだ。他の各社は1倍を超えているが、三菱ＵＦＪフィナンシャル・グループは０・７倍台にすぎない。これは会社も「何とかせねば……」と思っていることだろう。当たり前のことだが、株式の長期投資においては、時価総額が着実に増えていく可能性の高い企業がメインターゲットとなる。

コロナ禍を克服した日本経済
その優位性が新たな投資を呼び込む

◆欧米との金利差は当面継続、著名投資家の日本株評価も後押し

日本経済はコロナ禍を克服（新型コロナの感染症法上の位置づけを5類に変更）、これが家計消費に好影響を与え、インバウンド（訪日外国人）の復調も著しい。さらに、日銀は２０２３年7月末に金融緩和修正の判断を下したものの、金融引き締めが継続中の欧米と比べ、金利はまだ相当低い。植田総裁による日銀の金融緩和政策は、当分続くとの見方が有力である。

さらに、賃金上昇率が加速、デフレ脱却の糸口が見え始めた。少子高齢化などの克服は容易でないが、世界的に見れば日本経済の優位性は明らかだ。さらに、製造業の国内回帰、新工場の建設ラッシュがある。このようなマクロ的要因を背景に、出遅れが目立つ日本企業の時価総額は激増する可能性を秘めている。

これは前述したように、ウォーレン・バフェット氏が率いるバークシャー・ハザウェイによる5大総合商社株の大量取得、ブラックロックのCEO（最高経営責任者）による日本株に対する強気発言の源泉となっている。

彼らは、2013年にスタートした日本再興戦略、企業統治改革の効果、新東西冷戦構造下での日本の優位性を評価している。すなわち、先進国のなかでの高い成長率、製造業の国内回帰、技術革新、半導体など新工場の建設ラッシュ（TSMC、PSMC、ラピダス）などを指摘できる。

さらに、インド、東アジアが世界経済をけん引する構図は、〝地の利〟を有する日本の追い風となろう。

実際、最大手の**三菱商事（8058）**は2023年6月、総合商社の先陣を切って時価総額を待望の10兆円台に乗せた。総合商社株については第3章でも触れるが、これは総合商社のビジネスモデルがバフェット氏に高く評価された結果である。

◆円安、リピーターの増加でインバウンド効果は拡大の一途

今後、インバウンドの経済効果が一段と期待できる。何しろ、街を歩く訪日外国人が

急増している。昼時、築地場外市場（東京都中央区）に行くと、日本人より外国人の姿が目立ち、びっくりする。これは東京など大都市だけに限ったことではない。地方の観光地は、有名、穴場を問わず、外国人が闊歩《かっぽ》している。先般、筆者は岐阜県の高山に講演に出かけたが、行きも帰りも電車のなかは外国人だらけで仰天した。もちろん、新幹線の車中は多言語が飛び交っている。

それはともかく、２０２３年10月の訪日外国人数は２５１・６万人と、ピークだった２０１９年の水準を上回った。『観光白書２０２３』によると、２０１９年における日本の観光産業のＧＤＰ（国内総生産）は11・２兆円だが、これは経済全体の２・０％にすぎない。ちなみに、スペイン７・３％、イタリア６・２％、フランス５・３％、日本を除く欧米７カ国平均では４・５％だ。日本の観光業には大きな伸びしろがある。

現状の日本は傾向的に通貨安のため、外国人の懐は温かい。もとより日本は食事もおいしく、おもてなし精神が行き届いているため、一度日本を訪れた外国人の多くは、リピーター指向を強めるという。したがって、日本のインバウンドは拡大の余地が極めて大きい。何しろ、日本の訪日外国人数は２０１９年の３１８８万人がピークだが、アメリカ、フランスには年間７０００万～８０００万人が訪れている。

◆革命的な新技術の誕生、ウクライナ戦争の終結にも期待

今後期待できる物色テーマとしては、地球温暖化抑制につながる再生可能エネルギー、異常気象に対応する国土強靭化、ドライバー不足対策にもなる自動運転、2024年7月に始まる新札発行に注目できる。

このほか、息の長いテーマとしては、全個体電池、量子コンピューター、生成AI、チャットGPT、情報セキュリティ、iPS細胞などがある。これらは、いずれも新しい技術の誕生をきっかけとした有望テーマだが、社会生活を変える革命的な技術の進歩は、関連セクターと企業の時価総額を急増させる可能性を秘めている。これら夢とロマンを抱くことのできるテーマと大化け候補銘柄については、第4章で詳述したい。テーマ性内包プラス好業績は、銘柄発掘の基本である。

なお、2024年以降の3年間で忘れてならないテーマは、ウクライナ復興だろう。ロシアのプーチン大統領の暴挙によって開始されたこの戦争は、多くの犠牲者を出した（ロシア軍の死傷者は30万人を超えているとの報道もある）だけでなく、重要なインフラ施設、街、住宅などを破壊した。被害を受けたのはウクライナだけではなく、世界中が物価高（インフレ圧力）、小麦（食糧）をはじめとするモノ不足に苦しんでいる。

原油価格も一時的にせよ、急騰したではないか。

だが、どのような戦争もいずれ終わる。原稿執筆時、ロシア・ウクライナ戦争は依然として膠着《こうちゃく》状態にあるが、２０２４年中に停戦交渉開始→休戦が期待できると考えている。西側諸国は、アメリカを中心に「支援疲れ」に陥っている。

両国とも首脳陣は強気だが、国民は疲弊し、財政的にも戦争の長期継続は難しいだろう。軍事的には、ロシアは半導体などの不足により兵器の供給不足が指摘されているし、ウクライナは兵員が不足し、若者（18歳以上）の動員までうわさされている。

近い将来、戦争が終結すれば、当然、ウクライナの復興は世界的なテーマとなる。日本企業もこれまでの経験を生かし、多くの企業が直接的、間接的に参入するだろう。復興初期段階の本命は、**コマツ（６３０１）**、**日立建機（６３０５）**といわれているが、総合商社など世界的なネットワークを有する企業の活躍は必至であり、大きなビジネスチャンスとなる。

なお、すでにＪＰモルガンなどは「ウクライナ復興ファンド」を組成しているし、ＮＹ上場のポーランドＥＴＦがジリ高になっている。ヘッジファンド、国際マネーはやることが早い。２０２４年にはこれらの動きが現実のものになろう。

消費拡大を後押しする構造的な賃上げの流れ　GDPの上昇が投資マネーを呼び込む

◆メガバンクをはじめとする初任給の大幅アップは光明の兆し

繰り返しになるが、日経平均株価の史上最高値挑戦→奪回は通過点にすぎない。ただし、これにはデフレ脱却→消費拡大→GDP（国内総生産）の上昇というシナリオも必要となる。「失われた30年」の元凶ともいわれるデフレ脱却には、構造的かつ継続的な年収アップが不可欠だ。日本のGDPは2023年にドイツに抜かれ、第4位に転落するという。

長年、日本の勤労者は長時間労働、低賃金を余儀なくされてきた。ざっくり見て、この30年間にアメリカの平均年収が1・5～2倍近く伸びたのに対し、日本のそれはほとんど増えなかった。今では、日本の平均年収は韓国よりも低いとされる。あまりにも情けない話である。

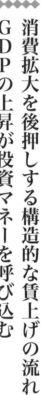

とはいえ、日本では長い間物価が上がらなかったため、何とか生活できた。しかし、その多くは「節約生活」だったのではないか。当たり前のことだが、収入が増えなければ、気軽にモノを買ったり飲み食いすることなどできない。これがデフレ（縮小）の怖さである。

ロシアのウクライナ侵攻以来、物価の値上がりが続いている。電気代、ガス代などの光熱費に加え、食品、日用品の価格上昇はあきれるばかりだ。したがって、この状態が続けば消費拡大→ＧＤＰの上昇は見込めない。一国の生産、分配、支出の額が等しくなるというＧＤＰの「三面等価の原則」を持ち出すまでもない。生産が増えてこそ支出、すなわち消費が増える。

外国人投資家にとって、ＧＤＰが横ばいの国に投資する意味、価値を見出すことは困難だ。理論的に、付加価値の総額を表すＧＤＰと株式相場は連動する。

しかし、ここにきてＧＤＰが上昇する兆しが出てきた。それは賃上げの流れである。まず、ニュースなどで報じられているのは、初任給の大幅アップだ。一例をあげると、**みずほフィナンシャルグループ（８４１１）**傘下のみずほ銀行は、２０２４年入社の大卒者初任給を５万５０００円上げて26万円にする。

三菱UFJフィナンシャル・グループ（8306）、**三井住友フィナンシャルグループ（8316）**は、新卒者の初任給を5万円引き上げる。加えて、メガバンク3グループは、傘下の銀行の既存従業員に対して6〜7％の賃上げを行なう見通しだ（ベースアップ、一時金などを含む）。なお、政府はパート・アルバイトの最低賃金を引き上げている。

2023年3月以降、最大40％の賃上げをすると発表したのは、ユニクロを展開する**ファーストリテイリング（9983）**である。国内の正社員約8400名を対象とし、新卒の初任給は18％アップとなる。

◆求められる非正規雇用者などに対する賃上げと株高

大幅な賃上げの動きは、正社員だけにとどまらない。**イオン（8267）**はグループ傘下のイオンリテールの正社員に対し、約5％の賃上げを実施したが、多くの割合を占めるパート従業員の時給も平均7％引き上げると発表して話題を呼んだ。同様に、**しまむら（8227）**もパート社員に対し、5％以上の賃上げを行なう。また、コロナ禍で打撃を受けた**オリエンタルランド（4661）**も、従業員（パートを含む）の平均7％

の賃上げを実施した。ようやく、デフレ脱却の糸口が見えてきた、といえる。

もちろん、このような賃上げの流れは、一部の業種、大手企業にとどまることなく、あらゆる業種、中堅・零細企業にも波及する必要がある。特に、今後はパート、アルバイトなど非正規労働者の賃上げが課題となるが、カレーショップを展開する**壱番屋**（**7630**）は、スタッフの時給を1300～1600円以上にする店舗も増えている。ちなみに、東京都の最低時給は1113円（2023年10月改定）である。

牛丼チェーンでは最大手の**吉野家ホールディングス**（**9861**）、**ゼンショーホールディングス**（**7550**）傘下のすき家が、ともに都内の店舗では時給1300～1625円まで引き上げている。各社とも人件費をはじめとするコスト増を商品の値上げ、合理化などの企業努力で補っており、ゼンショーの業績は絶好調だ。これらの業態はパート、アルバイトの人たちが企業の屋台骨を支える戦力となっている。

2023年の春闘では、主力企業の賃上げ率が約30年ぶりの高さとなった。人事院も、国家公務員の給与を大幅に引き上げる勧告をしている。これは民間企業との格差を解消するためのものであり、ベースアップは過去5年間の平均と比べ、約10倍となる。

日本の労働力は、少子高齢化の進展によって減少を続けている。生産年齢人口（15～

64歳の人口）の減少は構造的な賃上げをもたらすとされるが、結果的にそれは株高要因となる。

もちろん、賃上げは雇用者側のコスト増となるため、企業は提供する製品・商品・サービスを値上げする。値上げは消費者、生活者にとって好ましからざる事態だが、値上げ後も売上げが伸びれば、企業にとって株高要因となる。実際、**山崎製パン（２２１２）**は２０２３年7月出荷分から菓子パンなど２２７品目を値上げした。その後、同社の株価は同月3日の始値１９５１円が8月15日には２６８５円まで値上がりしている。この間の上昇率は、実に37・6％に達する（同期間の日経平均株価は3・8％の下落）。同年12月12日には３４３５円まで上昇した。値上げ→賃上げ→株高という図式である。これまでは値上げができず、コストカットに走っていた。これは困る。

◆M&Aの増加も長期投資が報われる企業の誕生を後押し

長期的にみて、M&A（企業の合併・買収）の増加が株価支援要因となる。M&Aによる国内企業の再編が進めば、業界の収益向上が見込め、それは課題となっている国際競争力の底上げにつながる。２０２３年6月末、半導体素材大手のＪＳＲは1兆円買収を受け入れ、官民ファンド（産業革新投資機構）の傘下に入った。これにより同社は上場廃止となるわけだが、株式市場では業界の構造改革、再編が期待されるとして好感された。実際、このM&A発表後、同業の**東京応化工業（4186）**の株価は、上値追いの展開となっている。

また、M&Aは、第2章で取り上げるPBR1倍割れ企業にとっても、経営力を飛躍的に向上させる絶好のチャンスとなるだろう。ちなみに、化粧品大手のDHCを3000億円で買収した**オリックス（8591）**のPBRは0・8倍台、日新電機を800億円で傘下に入れた**住友電気工業（5802）**のそれは、0・7倍台である。

バブル崩壊後、長期低迷の続いた日本株は本格反騰の最中にある。繰り返しになるが、日経平均株価は今後3年間、史上最高値3万8915円を奪回し、4万6000円を目指す公算が大きい。これが実現すれば、日経平均株価を構成する日本の主力株（225銘柄）の多くは、間違いなく長期投資の対象となり得る。

バブル崩壊後の下げ相場では、目先的な利益を確保するためのカラ売り、保有株の値下がりをヘッジするためのツナギ売りなどが必要とされ、デイトレード（日計り商い）で微細な利ザヤを積み重ねる超短期狙いの投資家が脚光を浴びた。しかし、一方では優良株の長期投資によって、資産を膨らませた個人投資家が出現している。

ディーリング（短期売買）による投資ができるプロ、ないしはセミプロ的な人は投資家全体のごくわずかである。バブル崩壊後、9割以上の個人投資家は「買えばヤラレ」、「持てば資産減」に苦しめられたのではないか。

プロではない個人投資家にとって、理想的な株式投資は、これと決めた銘柄を買ったまま保有し、配当、株主優遇を享受しながら株価が上昇する日々を送ることにある。

もちろん、これを可能にするためには、投資対象とする企業の株式が「長期保有」に値するものでなければならない。半導体向け超純水装置の**野村マイクロ・サイエンス**（**6254**）、EV用電子部品の信頼性評価を行なう**クオルテック**（**9165**）、生成AIの**ヘッドウォーターズ**（**4011**）などは、そんな候補になろう。

そのような見極めこそ株式投資の成功のカギを握ることになるのだが、日本株を取り巻く環境は大きく改善し、長期投資に資する企業、銘柄が増えてきたことは明白である。それを「空前の猛反騰相場」、「怒りの反騰劇」が後押しする。

まさに「時は来た！」のだ。今こそ、投資の時代を先取りし、積極果敢に行動するときである。

あらゆるモノの値段が上がり、物価高に苦しむ昨今、「長期保有」に値する企業の株式を買わずして、何を買えばいいというのか。

改めて述べるまでもないが、日本企業の評価価値は極めて低い。以前、マイクロソフトが**任天堂（7974）**の買収を計画しているとの社内メールが流出、話題となった。結局、この話は立ち消えとなったが、当時の時価総額7・9兆円の任天堂でさえ、うかうかしてはいられない。何しろ、アメリカの巨大IT企業の時価総額（上位7社）は1800兆円に迫りつつある。

さらに、「Canon EXPO 2023」において明らかになった最先端半導体露光プロセスは、オランダの同分野での独占企業ASMLを脅かす画期的な製品といわれている。**キヤノン（7751）**の時価総額は、現状4・9兆円にすぎない。筆者は、このままではおそらく狙われる（買収？）可能性があると危惧している。

さらに、あとでも述べるが、日本勢がアメリカのテスラ、中国のBYDに大きく出遅れたEVに関しては、ギガキャスト、イーアクスルの分野で日本企業の存在感が高まっている。ギガキャストは車体の一体成形技術、イーアクスルはEVの心臓部となる駆動ユニットである。

コラム……01

マグニフィセント・セブンと7人のサムライ
（なぜ、こんなに差がついたのか？）

アメリカ市場のマグニフィセント・セブン（すばらしき7人）とは、アルファベット（GOOGL）、アップル（AAPL）、メタ・プラットホームズ（META）、アマゾン・ドット・コム（AMZN）、マイクロソフト（MSFT）、エヌビディア（NVDA）、テスラ（TSLA）のこと。すなわち、時価総額上位7社（壮大な7社）である。

実に、時価総額はアップル438.7兆円、マイクロソフト402.9兆円、アルファベット244.7兆円、アマゾン・ドット・コム220.1兆円、エヌビディア168.1兆円、メタ・プラットホームズ122.4兆円、テスラ114.5兆円だ。総額は1,711.4兆円に達する。これは東証プライム市場（1,658社、832.3兆円）の2倍を超えるすごい話である。「失われた30年」の間に大きな差がついてしまった。

ちなみに、東京市場の7人のサムライ（時価総額上位7社）は、ベストスリーが**トヨタ自動車（7203）**の41.5兆円、**ソニーグループ（6758）**の16.6兆円、**NTT（9432）**の15.5兆円となっている。以下、**キーエンス（6861）**の15.1兆円、**三菱ＵＦＪフィナンシャル・グループ（8306）**の14.8兆円、**東京エレクトロン（8035）**の11.9兆円、**信越化学工業（4063）**の11.7兆円である。総額は127.1兆円にとどまる。7人のサムライの時価総額は、マグニフィセント・セブンの13分の1にすぎない。いや〜、情けない話じゃないか。

ここは7人のサムライにがんばってもらうしかないが、1社で100兆円を超えるのは無理があろう。やはり、ハイグロース銘柄の奮起に期待するしかない。**ディスコ（6146）**、**アドバンテスト（6857）**などを含めた全般底上げ（総力結集）である。

〈第2章〉

PBR1倍奪回作戦に乗る！

東証による異例の経営改善要請は
株主優遇→株高を招く

上場企業に求められるのは株価を意識した経営
株主重視のPBR1倍割れ銘柄を仕込む

◆外国人投資家の大幅買い越し転換が示す日本企業の変化

前の章でも述べたが、東証は2023年の3月末、PBR（株価純資産倍率）1倍未満の企業に対して株価を上昇させるための具体策を示し、それを実行するよう要請した。これは、政府（経済産業省）が東証と連携、PBR1倍割れの企業に対し、「何とかしなさい」と是正を求めたものであり、「ため込んだ現・預金（未稼働資産）を有効に使え」と警告しているのに等しい。積極経営の推進である。

つまり、東証（政府）はROE（株主資本利益率）の改善（上昇）を上場企業に求めているのだ。この要請は資本効率の向上とともに、「株価を意識した経営」につながるが、そうなれば市場にお金が回り、経済は活性化するだろう。

2013年、日本再興戦略（企業統治改革）が推進され、10年が経過した。企業はどう変わり、どう変わろうとしているのだろうか。ちなみに、この間、社外取締役３人以上の選任比率は９・９％が86・６％に、総還元額（配当＋自社株買い）は12・３兆円が22・６兆円に、親子上場の企業数は４１７社が２１９社に、株主総会集中率は52・９％が26・０％になどと、大幅に改善されている。

外国人投資家は、こうした日本の企業サイドの努力を評価している。株式市場において、２０２３年に入っての大幅買い越し転換がその証拠だろう。

◆株主資本利益率が改善しなければPBR1倍割れは解消しない

反面、肝心のＲＯＥは10年前と比べ８・９％とほとんど変わらず、ＴＯＰＩＸ（東証株価指数）ベースのＰＢＲは１・22倍とまったく向上が見られない。逆に、東証プライム上場企業の現金・預金残高は１４５兆円↓３００兆円と倍以上に増えている。これではＲＯＥが上昇せず、ＰＢＲ１倍割れが解消するはずがないだろう。

東証が進める経営改善要請以降、ＰＢＲ１倍割れを克服した主力企業も少しずつ増えてきた。しかし、57ページの表にもあるように、日本を代表する主力企業でありながら、ＰＢＲ１倍割れに陥っている企業はまだ数多く存在する。これらの企業は早晩、「ＰＢ

R1倍奪回作戦」を展開すると思う。いや、そうしなければならない状況となりつつある。それは政府、東証の〝官製圧力〟によるものだけではなく、マーケット、投資家の視線が厳しさを増している点にある。

このためには、自社株買い、増配に加え、M&A、設備投資、賃上げなどが有効となる。すでに2022年の日本企業の自社株買いは9・2兆円と史上最高だったが、アメリカ企業の約100兆円と比較すると少なすぎる。

◆PBR1倍奪回作戦は分かりやすく、利にかなった投資手法

だが、心配は無用だ。株式投資を取り巻く環境は着実に改善、個人の金融資産が動き始めている。

アメリカは1980年代前半に「株式の死」論争があった。「ウォール街は死んだ。この街が再び活気を取り戻すことはないだろう」と。しかし、当時のレーガン大統領が唱えたレーガノミクス（アメリカ再構築政策）によってよみがえった。NYダウは実に、50倍になっている。日本はアメリカのあとを追うだろう。

改めて述べるまでもない。資本主義社会において経済活動の根幹を成すのは企業であ

る。日本が直面した「失われた30年」の主因は政治の迷走、日銀の政策ミス（デフレ、円高を放置し、産業の空洞化を容認）だけではない。企業の怠慢があった。実際、日本企業の成長性、生産性は著しく伸び悩んだ。しかし、ここにきてそれがようやく変わりつつある。したがって、長期的に株高になるのは当然だろう。

筆者は、２０２２年以降、**トヨタ自動車（７２０３）**など主力優良株の買いを強力に提唱してきた。「ＰＢＲ１倍水準が〝最低水準〟だ」と。当時、マーケット、市場関係者などはこの見方に冷淡だったが、トヨタ自動車の直近のＰＢＲを見ると、１・14倍となっている。まずはやれやれである。

そこで、この章では「ＰＢＲ１倍奪回作戦」に注目してみたい。トヨタ自動車がそうであったように、経営努力を続けるＰＢＲ１倍割れの銘柄を仕込み、１倍を超えたところで手仕舞いすれば確実に利益を確保できる。単純なロジックだが、これほど分かりやすく、利にかなったやり方はないのではないか。

繰り返しになるが、「ＰＢＲ１倍を目指せ」という強い要請は、もともと経済産業省が言い出したことだ。これに東証が追随した。狙いは５１１兆円の内部留保の有効活用である。当局はＰＢＲ１倍超の企業に、「さらなる改善」を求めている。

◆3つの切り口でPBR1倍奪回作戦を遂行する

この「PBR1倍奪回作戦」については、3つの切り口で有望と思われる銘柄をそれぞれ10銘柄ずつ、合計30銘柄ピックアップしてみた。3つの切り口とは、すなわち「日本を代表するPBR1倍割れ企業」、「市場降格リスクを内包する低PBR企業」、「PBR1倍奪回作戦に積極的な企業」であり、便宜上グループ①、グループ②、グループ③とした。市場降格については時価総額ほど厳格ではないが、それなりのダメージはあろう。

そして、筆者が各グループのなかで最も注目する銘柄を◎、2番目に注目する銘柄を○、3番目に注目する銘柄を△とし、これらの特に注目する銘柄（特注銘柄）についてはチャート、業績表を付け、詳細解説することとした。

もちろん、その他の銘柄も中・長期的な活躍が見込める可能性を秘めている。ポートフォリオを形成するうえで、ぜひ参考にしていただきたい。ただし、PBR0・1〜0・2倍の企業は「ギブアップ」のところがある。

なお、PBRはその時の株価（時価）をBPS（1株当たり純資産）で割って算出する。このBPSは会社の資産から負債を差し引いた純資産を発行済み株式数で割ったも

◉貸借対照表（バランスシート）

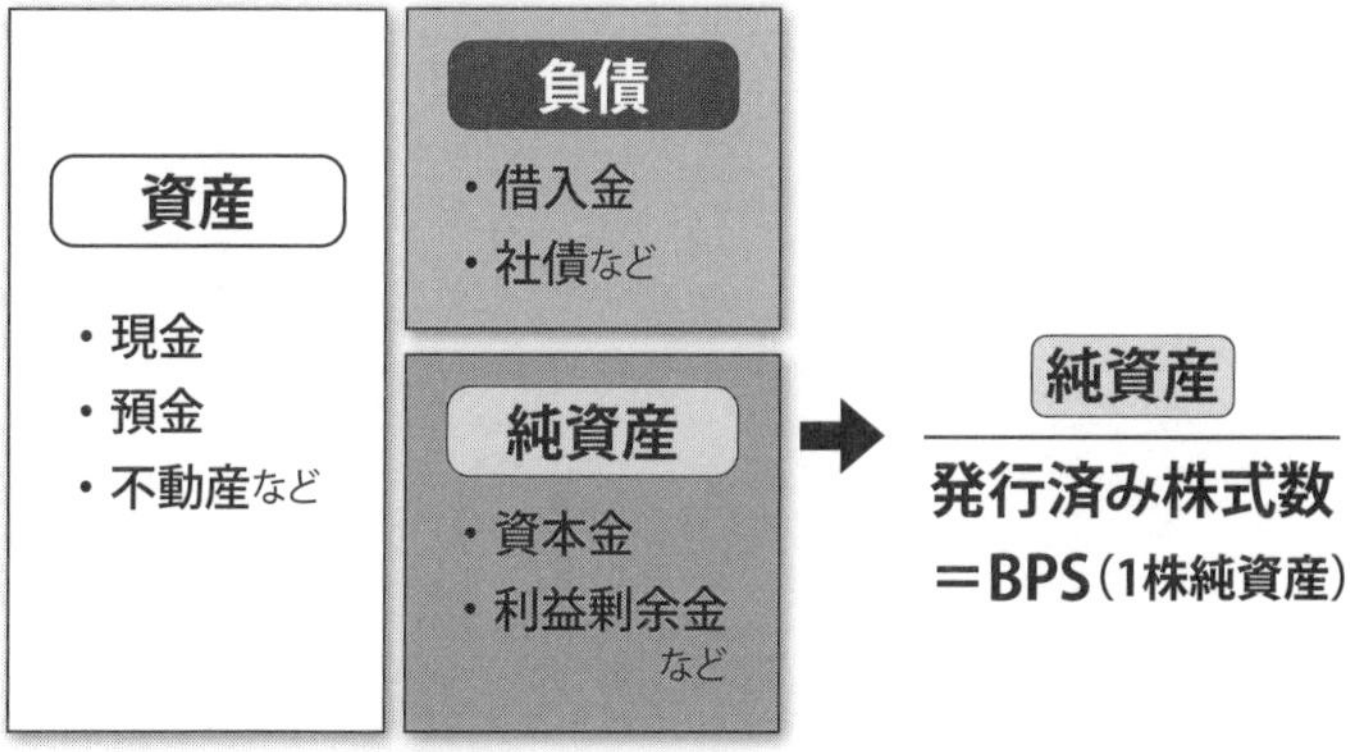

資産 ＝ 負債 ＋ 純資産

PBR（株価純資産倍率）＝ 株価（1000円） / BPS（1000円） ＝ 1.0倍

のだが、その１株当たり純資産が１０００円の企業の場合、株価が５００円だとＰＢＲは０・５（５００円÷１０００円）となる。

したがって、東証が求めているＰＢＲを１倍にするには、１株当たり純資産が１０００円の企業は、株価を１０００円にしなければならない。このような状況の企業は、株価を意識した経営が不可欠となる。

株価が５００円→１０００円になれば、投資家は５００円の利ザヤを確保できる。当たり前の話だが、「ＰＢＲ１倍奪回作戦」には、このような投資妙味が存在する。

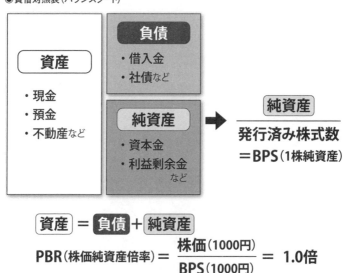

グループ①

大幅な水準訂正高も期待できる日本を代表するPBR1倍割れ企業

◆各業界の主役級に向けられる厳しい視線、それが株価を底上げする

グループ①の「日本を代表するPBR1倍割れ企業」には、時価総額の大きいビッグネームの会社が多い。次ページの表にある10銘柄（すべて東証プライム上場）をコード順に見ていくと、特注銘柄2番手（◯）の**ENEOSホールディングス（5020）**のPBRは、2023年12月末時点において0・54倍にすぎない。原油高のメリットを享受できる。

太平洋セメント（5233）はセメントの国内最大手で時価総額3494億円、予想配当利回りも2・5％程度あるが、PBRは0・7倍に満たない。2022年3月期以降、年間配当70円を実施、安定配当の維持を基本方針としている。しかし、直近ベースで利益剰余金が3523億円もあるだけに、今後、増配圧力が強まるだろう。

◉日本を代表するPBR１倍割れ企業（セレクト10）

コード	銘柄	株価（円）	BPS（円）	PBR（倍）
○ **5020**	**ENEOSホールディングス**	**552.6**	**1,029.0**	**0.54**
5233	太平洋セメント	2,827.5	4,552.0	0.62
5401	日本製鉄	3,144.0	5,015.0	0.63
5711	三菱マテリアル	2,411.0	4,793.0	0.50
6472	NTN	256.2	465.7	0.55
6473	ジェイテクト	1,191.5	2,123.0	0.56
7259	アイシン	4,874.0	7,316.0	0.67
7267	ホンダ	1,443.0	2,527.0	0.57
◎ **8306**	**三菱UFJフィナンシャル・グループ**	**1,203.5**	**1,540.0**	**0.78**
△ **8604**	**野村ホールディングス**	**629.3**	**1,092.0**	**0.58**

（注）掲載はコード順。BPS（1株当たり純資産）は直近ベース、PBR（株価純資産倍率）は2023年12月26日終値ベースの数値

日本製鉄（５４０１）は国内トップの鉄鋼メーカー。世界でも粗鋼生産量では第４位の位置にいる。しかし、１株当たり純資産が５０１５円なのに対し、直近株価は３１００円台にすぎない。このためＰＢＲは０・６倍台にとどまっているが、株価が６割上がれば１倍奪回となる。

三菱マテリアル（５７１１）は非鉄の最大手だ。複合経営を展開している。電子材料、鉱山出資など切り口は多彩。１株当たり純資産は４７９３円もある。だが、株価はそれを２０００円以上下回っている。ＰＢＲは０・５倍台に放置されている。

NTN（6472）はベアリングの有力メーカーである。世界トップシェアの製品を有する。1株当たり純資産465・7円に対し、株価は300円を下回っている。よって、PBRは0・5倍台に甘んじている。予想PERは12倍台だ。主要納入先の自動車業界はサプライチェーンの改善、半導体不足を解消、増産に転じている。2024年はこのメリットをフルに受けるだろう。

◆機関投資家のコア銘柄となる業界トップ企業に注目

ジェイテクト（6473）は、光洋精工と豊田工機が合併して誕生した会社である。したがって、主力の電動パワステなど自動車部品は、トヨタグループとの取引が主力だ。業績は増収増益が続いているが、PBRはこれも0・5倍台だ。株価は1200円に満たないが、1株当たり純資産は2123円もある。これまた、業界環境は良好だ。長期的には2000円台乗せを目指すと思う。

アイシン（7259）は、発行済み株式の22％強を保有する**トヨタ自動車（7203）**系の自動車部品大手だ。自動変速機では世界トップシェアを誇る。電気自動車向けのイーアクスル（駆動モジュール）の本命とされているが、PBRは0・7倍に満たない。

2025年3月期の営業利益は「3000億円超」を目指す意欲的な経営計画を推進中である。

ホンダ（7267）は世界第7位の自動車メーカー（二輪では世界トップ）だ。2023年9月には株価が上場来高値を更新した。しかし、株式分割後の1株当たり純資産は2527円であり、PBRはまだ0・6倍未満と出遅れている。今後はEVを軸に成長を目指す方針だ。トヨタ自動車のPBRが1倍を超えていることを考えれば、1倍乗せは時間の問題ではないか。

三菱UFJフィナンシャル・グループ（8306）はメガバンクのトップ、**野村ホールディングス（8604）**は証券業界のトップである。これらについては、それぞれ特注銘柄の1番手（◎）と3番手（△）とした。その根拠については、次ページ以降の解説をご覧いただきたい。証券会社によると、新NISAの対象銘柄としてこの両雄の人気は「高い」という。

なお、業界トップ企業は株式市場の「前輪銘柄」と称し、機関投資家のコア銘柄となる。実際、外国人などの買い意欲の強さが伝えられている。金融業界の〝雄〟がPBR1倍割れでは示しがつかないではないか。

グループ①の特注銘柄

◎

三菱UFJフィナンシャル・グループ（8306）

金融政策修正の恩恵を受ける一番手銘柄

◆1株当たり純資産1540円突破は時間の問題

民間としては国内最大の金融グループであり、今後予想される金利の上昇は業績、株価の追い風となる。日銀は2023年7月の会合において、長期金利変動幅の操作上限を0・5％引き上げ、1％に変更した。これは明らかな金融政策の修正であり、デフレの終えん→本格的なインフレの到来を見越した英断だと思う。

業績は順調に回復している。2023年3月期の純利益こそ微減益となったが、売上高に相当する経常収益は5割を超える大幅増で決着した。2024年3月期以降も増収増益が有望だ。加えて、中期経営計画では配当金の累進的な引き上げと機動的な自己株式の取得を掲げている。

株価は理想的な上昇トレンドを描いているが、1株当たり純資産1540円をまだ300円以上下回っている。実力、投資環境的にも、このPBR1倍割れはありえない。直近ベースの予想年間配当利回りは、3％を超えている。

◉三菱UFJフィナンシャル・グループ（8306）の週足

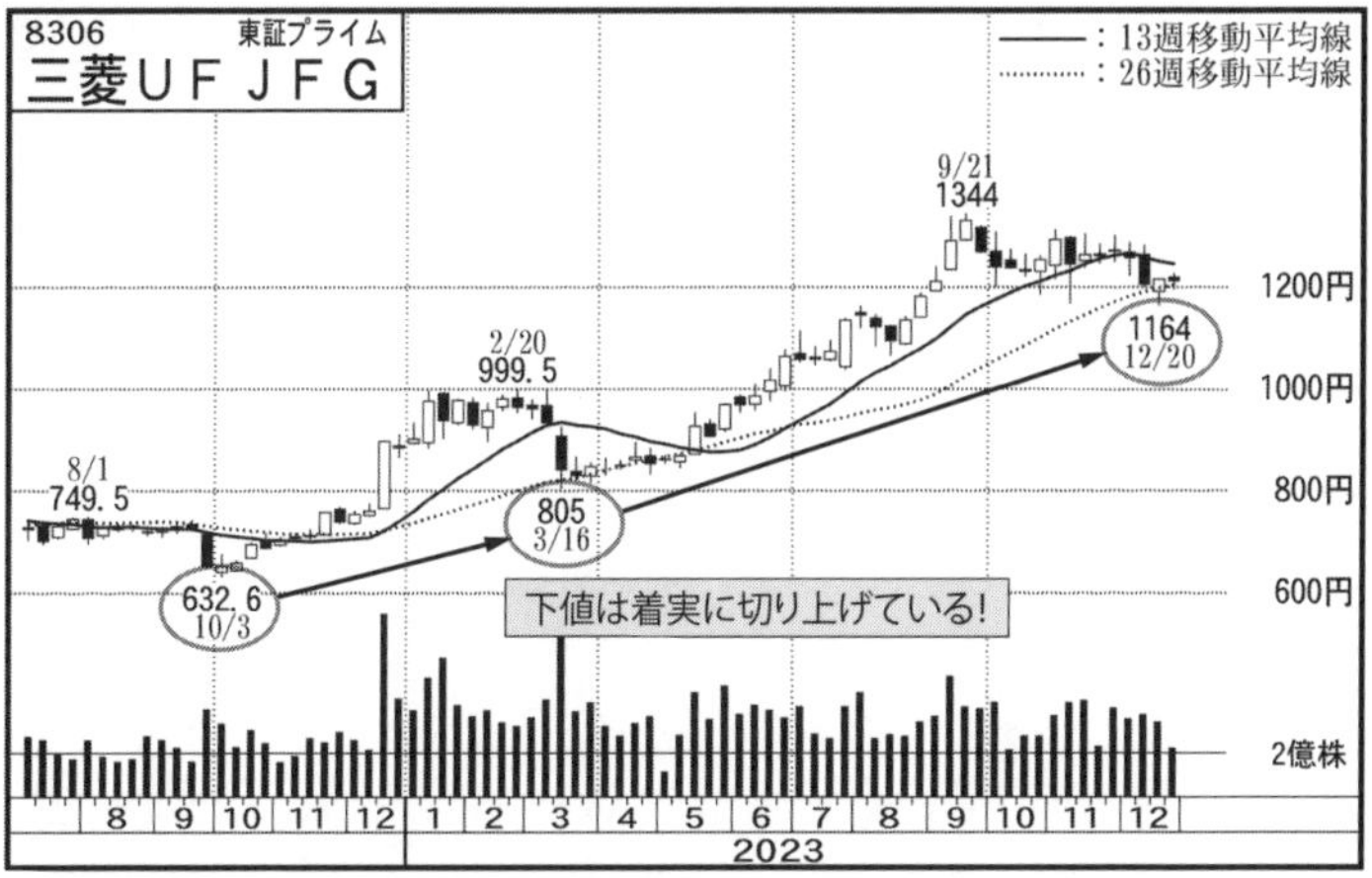

◉三菱UFJフィナンシャル・グループの業績推移

	2022年3月期	2023年3月期	2024年3月期（予）
経常収益	6,075,887	9,281,027	9,300,000
	（＋0.8%）	（＋52.8%）	（＋0.2%）
純利益	1,130,840	1,116,496	1,300,000
	（＋45.5%）	（▲1.3%）	（＋16.4%）
年間配当	28	32	41
	（＋12.0%）	（＋14.3%）	（＋28.1%）

（注）単位＝経常収益、純利益は百万円。年間配当は円。（　）は前期比。2024年3月期は会社予想

○ ENEOSホールディングス（5020）

値上がり益と高配当取りを狙える二刀流銘柄

◆割安顕著、親子上場の動きも株価を後押し

２０１７年にＪＸホールディングスと東燃ゼネラル石油が経営統合して誕生した会社である。ガソリンなど石油関連製品の国内シェアは5割を超え、業界トップに君臨する。原油相場の上昇と円安はコスト増につながるため、２０２４年3月期は6％を超える減収を予想している。しかし、在庫評価の押し上げなどの効果があり、純利益は67％増益が見込まれている。

好材料も内包している。金属事業部門を担うＪＸ金属（レアメタルなどに強み）を独立させ、上場する準備を進めている。この上場によって得られる資金を株主還元に充当すれば、求められている資本効率が飛躍的に高まる。株価は１０２９円の1株当たり純資産に対し、４７０円ほど割り負けている。予想ＰＥＲも約7倍と割安が顕著だ。高配当銘柄でもある（年間配当利回りは約４％）。将来的には、水素などクリーンエネルギー分野に注力する可能性があろう。

◉ENEOSホールディングス（5020）の週足

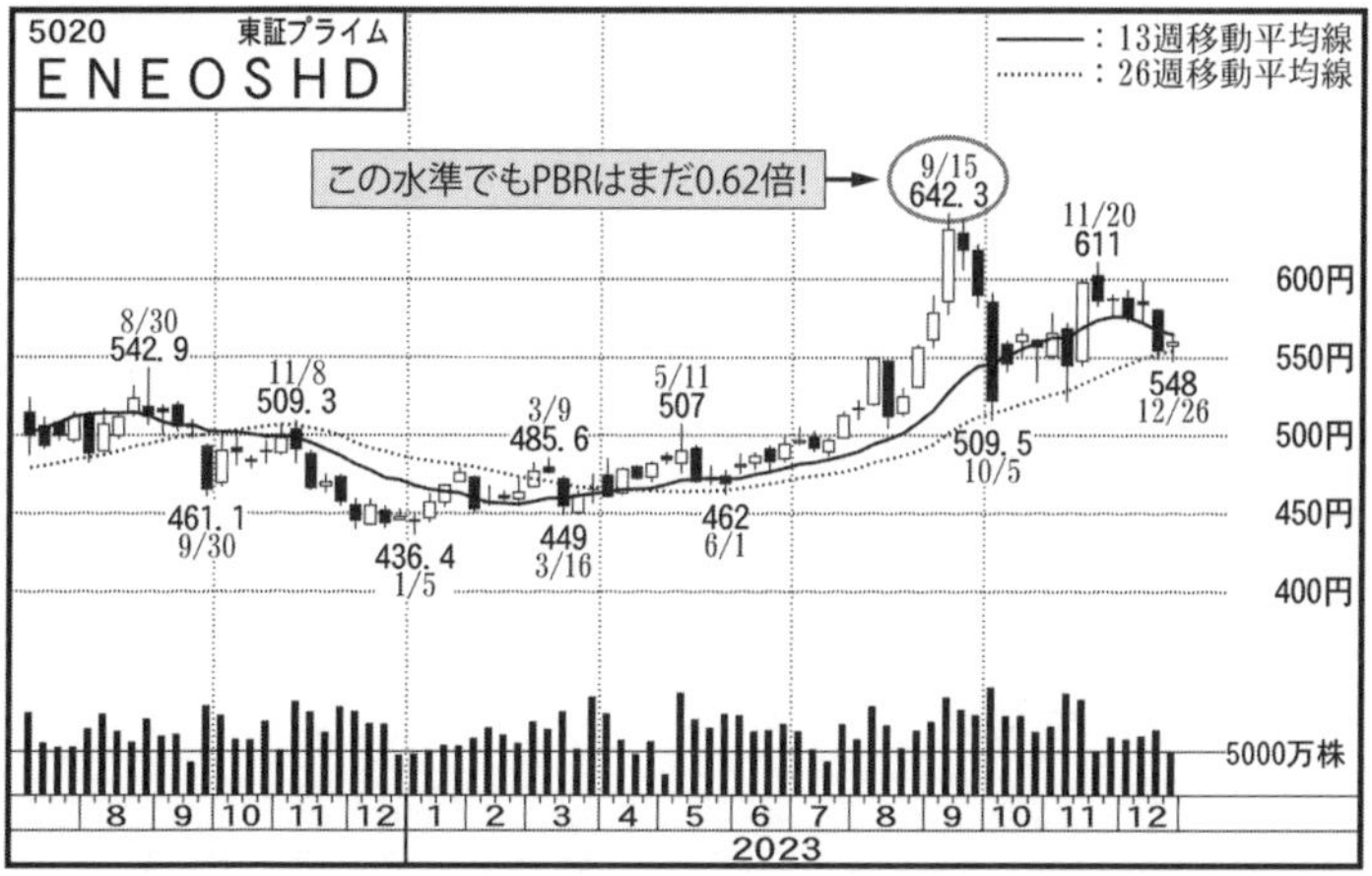

◉ENEOSホールディングスの業績推移

	2022年3月期	2023年3月期	2024年3月期（予）
売上高	10,921,759 （＋42.6％）	15,016,554 （＋37.5％）	14,000,000 （▲6.8％）
純利益	537,117 （＋371.2％）	143,766 （▲73.2％）	240,000 （＋66.9％）
年間配当	22 （±0.0％）	22 （±0.0％）	22 （±0.0％）

（注）単位=売上高、純利益は百万円。年間配当は円。（　）は前期比。2024年3月期は会社予想

グループ①の特注銘柄

△

野村ホールディングス（8604）

割り負け目立つ業界のトップランナー

◆直近のPBRは屈辱の0・6倍割れ

証券業界のダントツ首位でありながら、PBRは0・5倍台に甘んじている。これは、直近株価が1株当たり純資産1092円より4割以上、500円近くも安いことを意味している。やはり、ROE（自己資本利益率）の低さがネックなのだろう。ちなみに、業界2位の**大和証券グループ本社（8601）**のPBRは0・9倍であり、このままでは絶対的王者「野村」のメンツが立たないのではないか。

ちなみに、PBR1倍割れ解消に最も敏感であるべき証券業界では、**岡三証券グループ（8609）**のように、「PBRが1倍を超えるまで、毎年10億円以上の自社株買いを行なう」と発表して、株価が急騰したケースもある。

業績は株式市場の活況を受け、好転している。2024年3月期の純利益は、大幅増益が見込めると思う。配当も増配含みであり、大幅な水準訂正高が見込める。今後は、コンサルタント営業を拡充する。

◉野村ホールディングス(8604)の週足

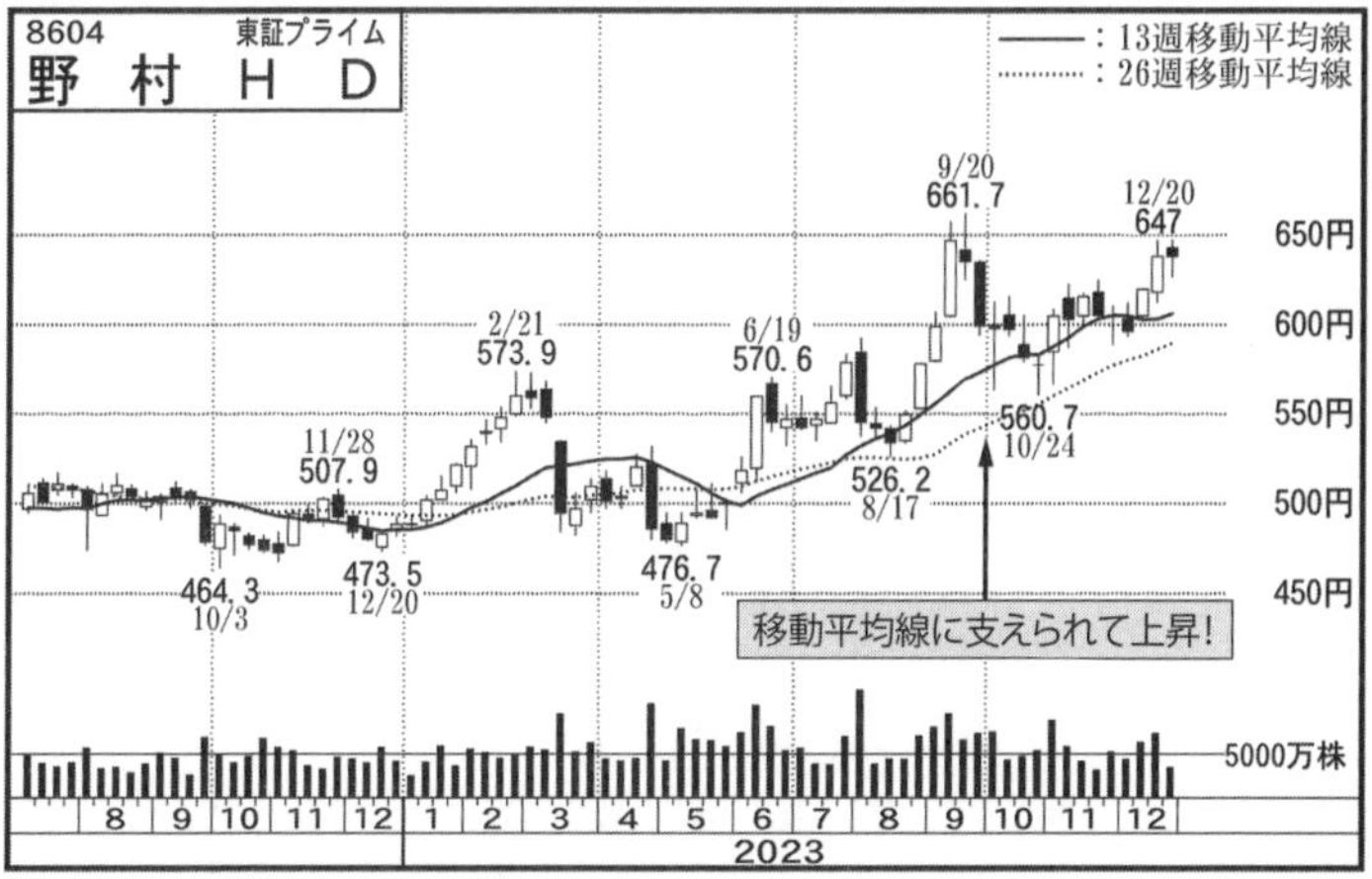

◉野村ホールディングスの業績推移

	2022年3月期	2023年3月期	2024年3月期(予)
営業収益	1,593,999 (▲1.4%)	2,486,726 (＋56.0%)	2,750,000 (＋10.6%)
純利益	142,996 (▲6.6%)	92,786 (▲35.1%)	160,000 (＋72.4%)
年間配当	22 (▲37.1%)	17 (▲22.7%)	17〜22 (±0.0〜＋29.4%)

(注) 単位＝営業収益、純利益は百万円。年間配当は円。(　)は前期比。2024年3月期は筆者予想

グループ②

市場降格リスクも懸念される警戒ゾーンに位置する低ＰＢＲ企業

◆超割安水準に放置された注目銘柄の反騰劇

グループ①で取り上げた「日本を代表するＰＢＲ１倍割れ企業」に対し、グループ②では「株価が警戒ゾーンに放置されている低ＰＢＲ企業」に目を向けてみたい。「警戒ゾーンの企業」とは、市場の降格リスクなどを内包している企業である。具体的には流動性、時価総額、ガバナンス、経営成績および財政状態において、現在最も上場基準の厳しい東証プライムにある企業が東証スタンダードに、東証スタンダードにある企業が東証グロースに降格するリスクである。最悪、東証グロースの上場基準を維持できなければ、上場廃止につながる。

このような企業は降格、上場廃止を避けようと、懸命に経営改善をはかる。よって、そこに投資妙味が発生する。

◉警戒ゾーンの低PBR企業（セレクト10）

コード	銘柄	株価（円）	BPS（円）	PBR（倍）
1840	土屋ホールディングス	238.0	453.3	0.53
○ **5482**	**愛知製鋼**	**3,030.0**	**10,745.0**	**0.28**
△ **5852**	**アーレスティ**	**697.0**	**2,360.0**	**0.30**
7254	ユニバンス	498.0	1,101.0	0.45
7296	エフ・シー・シー	1,712.0	3,568.0	0.48
◎ **7898**	**ウッドワン**	**989.0**	**4,824.0**	**0.21**
7916	光村印刷	1,345.0	5,795.0	0.23
8367	南都銀行	2,389.0	8,519.0	0.28
8416	高知銀行	904.0	4,778.0	0.19
9036	東部ネットワーク	1,014.0	3,754.0	0.27

（注）掲載はコード順。BPS（1株当たり純資産）は直近ベース、PBR（株価純資産倍率）は2023年12月26日終値ベースの数値

ここに取り上げた10銘柄をコード順に見ていくと、東証スタンダード上場の**土屋ホールディングス（1840）**は、北海道を地盤とする住宅メーカー。スキージャンプ界のレジェンド、葛西《かさい》紀明《のりあき》選手（監督兼任）の所属先として知られ、6円配当を続けているが、PBRは0・53倍にすぎない。北海道は現在、ラピダスの千歳工場建設など活気にあふれている。

特注銘柄（◎）の**愛知製鋼（5482）**はPBR0・28倍、同じく特注銘柄（△）の**アーレスティ（5852）**は0・30倍と、株価は1株当たり純資産の3分の1以下に放置されている。

ユニバンス（7254）は静岡県湖西市に本社を置く自動車部品メーカーである。東証スタンダード上場でPBR0・45倍と低いが、予想PERも6倍と割安だ。会社側は「買収防衛策」を導入するなど、株価に関心がないようだが、**日産自動車（7201）**系とあって株式の「持ち合い」がないために、危機感を抱いているのだろう。

エフ・シー・シー（7296）は東証プライム上場のクラッチ専業メーカーだ。筆頭株主は**ホンダ（7267）**である。インドに強い。2018年8月に3620円の高値をつけた株価は、2022年4月に1237円まで売られた。直近は1700円台に戻しているが、それでも先の高値に対し半分以下の水準にとどまっている。だが、2024年3月期の売上高は前期比6・9％増収、純利益は15・0％増益と業績好調であり、いくら何でも安すぎる。大幅な水準訂正高があってもいいのではないか。

ウッドワン（7898）は、特注銘柄の筆頭（◎）とした。国内外で所有する山林の含み益を評価する声がある。

◆安定配当継続、大幅増益でも超割安な銘柄

光村印刷（7916）は東証スタンダード上場、読売新聞の受託を主とする印刷会社

である。筆頭株主は**三菱製紙（３８６４）**だ。50円配当を続けている。直近株価は１３００円近辺（２０１７年の高値比45％水準）で推移しているため、配当利回りは４％近くあるものの、ＰＢＲは０・23倍でしかない。

南都銀行（８３６７）は、奈良県を地盤とする名門の地方銀行である。２０２４年３月期の純利益は１１０億円と大幅増益が見込まれており、年間配当利回りは４％以上ある。地銀の〝雄〟的な存在である。

高知銀行（８４１６）はその名のとおり、高知県の第二地銀である。東証スタンダード上場で公的資金注入行だが、地元では圧倒的に強い。年間配当は25円ある。１株当たり純資産４７７８円に対し、株価はその２割にも満たない。これは困る。

社名に「県名」をつける地銀は、その地域では名門企業だ。日銀、金融庁は銀行法の改正などによって、地銀経営を支援している。

東部ネットワーク（９０３６）は関東エリアを地盤とする運送会社だ。同業13社の統合によって誕生した。コカ・コーラ向けなど飲料に強いが、製本関係の輸送にも実績がある。ＰＢＲ０・2倍台の株価水準は「絶望的」だが、会社側の危機意識はかなり強いと思う。15円配当を継続している。

◎

ウッドワン（7898）

ニュージーランドでの植林経営事業が花開く

◆無垢建材の業界最大手、株価倍化してもPBRはまだ0・5倍

広島県に本社を置く住宅建材メーカーである。「木を通して理想的な未来を目指す」ことを企業理念とする。自社工場で生産するフローリング（床板）など無垢建材では業界最大手である。ドア、キッチン、建具などの品質には定評がある。1952年、林業会社として設立され、2002年に住建産業を現社名に改称した。名実ともに、トップ企業を目指している。

注目されるのはニュージーランドで森林経営を行なっていることだ。その面積は4万ヘクタールに達する。植林開始後32年が経過し、良品質の木材を出材できるようになった。住宅用木材は世界的に価格が上昇しており、今後は業績向上が期待できる。しかし、現状のPBRは0・2倍台に沈んでいる。早い段階での1倍奪回は望み薄だが、0・5倍相当の2410円近辺まで買われても不思議ではないと思う。これは直近株価が2・4倍になることを意味する。

◉ウッドワン（7898）の週足

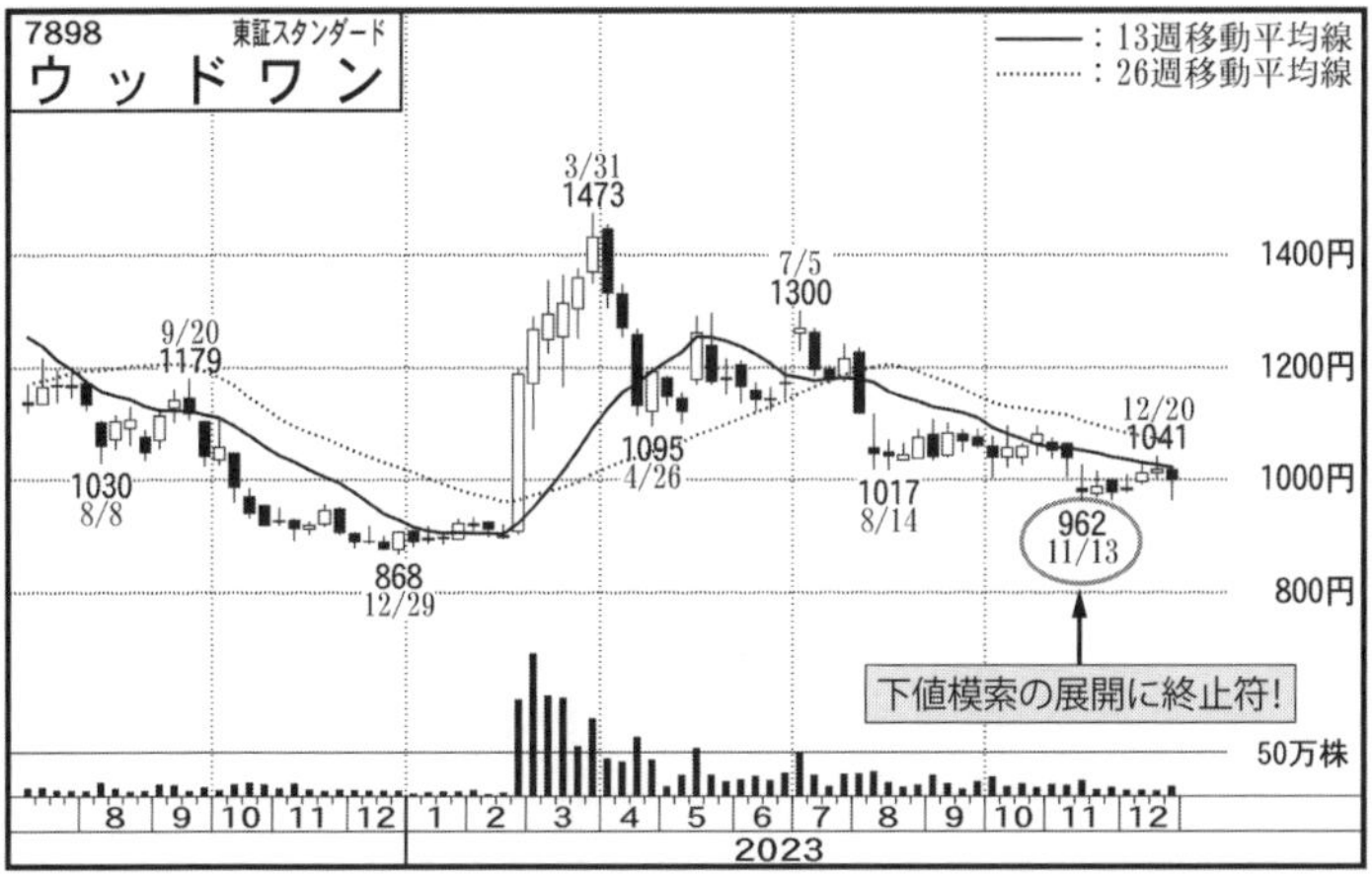

◉ウッドワンの業績推移

	2022年3月期	2023年3月期	2024年3月期（予）
売上高	66,582 （＋12.7%）	65,829 （▲1.1%）	65,800 （±0.0%）
純利益	1,308 （＋11.8%）	365 （▲72.1%）	370 （±0.0%）
年間配当	24 （±0.0%）	24 （±0.0%）	24 （±0.0%）

（注）単位=売上高、純利益は百万円。年間配当は円。（　）は前期比。2024年3月期は筆者予想

グループ②の特注銘柄

○

愛知製鋼（5482）

自動車増産のメリットをフルに享受

◆トヨタ系の特殊鋼大手なのにPBRは約0・3倍

トヨタ自動車（7203）が筆頭株主（発行済み株式の23・7％を保有）の特殊鋼大手である。特殊鋼の加工技術に強い。建築・土木用も手がけている。業績は2022年3月期に大幅減益となり、年間配当も15円の減配となった。しかし、2023年3月期は一転して大幅増益を達成した。今後は、自動車増産のメリットが期待できる。このため、2024年も7・8％増収、大幅な増益が有望視されている。年間配当は50円増配の80円とする方針を明らかにしている。

株価は、2022年5月の1883円を底に上値を切り上げている。2023年9月には4455円まで買われた。ただ、直近株価（3030円）のPBRは約0・3倍にすぎない。トヨタグループの一翼を担う東証プライム上場銘柄としては、いかにも情けない水準ではないか。1株当たり純資産の半値は5373円であり、この水準は最低目標となる。

◉愛知製鋼(5482)の週足

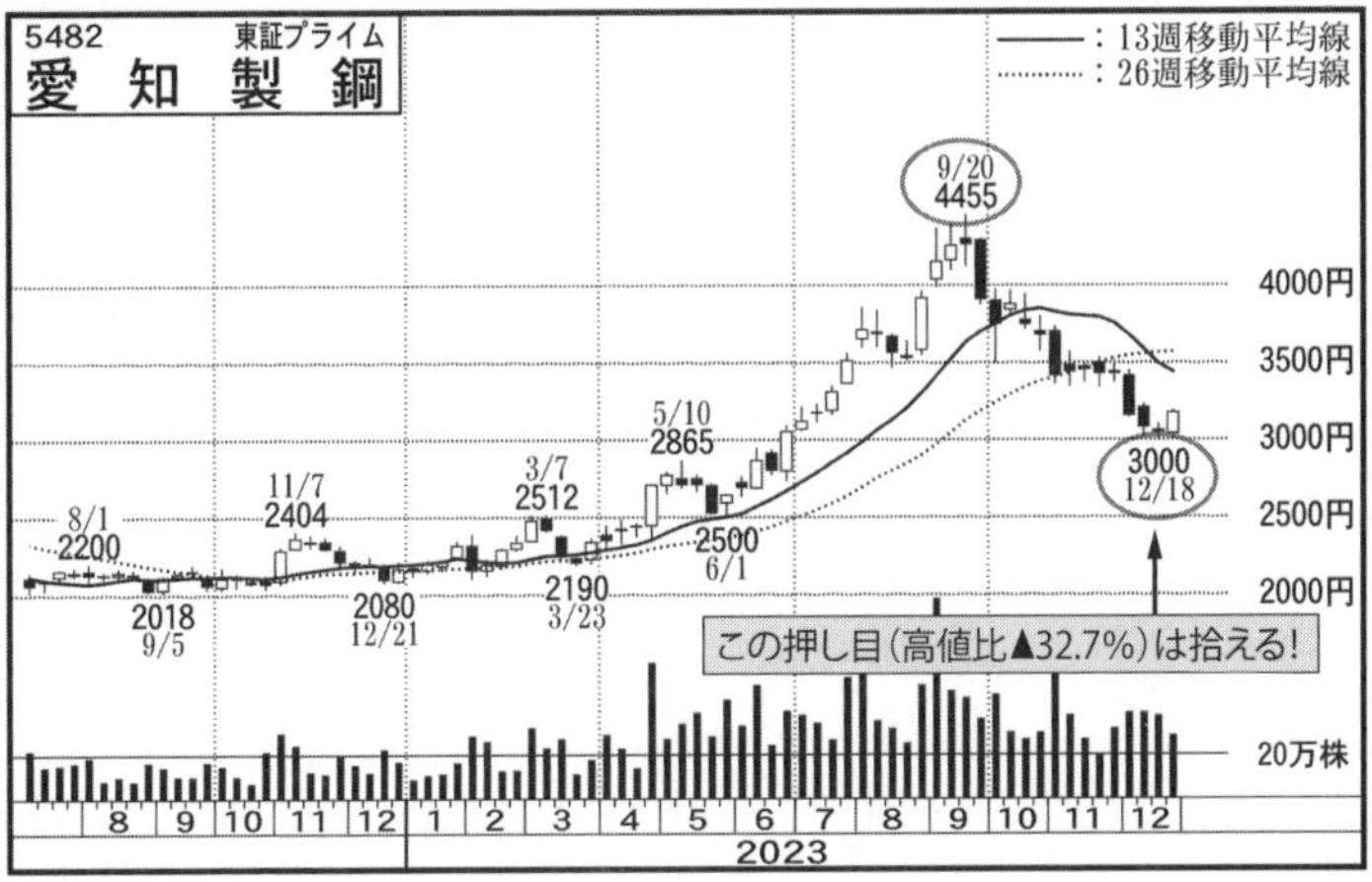

◉愛知製鋼の業績推移

	2022年3月期	2023年3月期	2024年3月期(予)
売上高	260,138 (＋27.0%)	285,141 (＋9.6%)	307,500 (＋7.8%)
純利益	933 (▲69.4%)	1,610 (＋72.6%)	5,200 (＋223.0%)
年間配当	30 (▲33.3%)	30 (±0.0%)	80 (＋166.7%)

(注) 単位=売上高、純利益は百万円。年間配当は円。(　)は前期比。2024年3月期は会社予想

グループ②の特注銘柄

△

アーレスティ（5852）

自動車軽量化の進展が業績を後押し

◆黒字定着が有望、株価は4ケタを目指す

アルミダイカストを主力事業とする。ダイカストは熱で液体化した金属を金型に流し込み、複雑な形状の製品をつくる技術である。同社の製品はエンジン部分などに多く使われているが、自動車の軽量化に欠かすことができないため、将来的な需要増が見込まれている。ＳＵＢＡＲＵ（7270）との関係が深い。ＥＶ製造に不可欠のギガキャスト（一体成形）を手がけている。

業績は２０２０年3月期以降、４期続いた赤字路線に終止符を打ち、待望の黒字定着が見えてきた。すなわち、２０２４年3月期は売上高10％増収をもとに、純利益が14億円と黒字転換する。とはいえ、株価はまだ７００円近辺であり、ＰＢＲは０・３倍水準だ。自動車の軽量化がさらに進展すれば、業績の向上に伴い、株価も４ケタを回復するだろう。１株当たり純資産の半値は１１８０円だが、２００６年には３８２０円まで買われたこともある。

◉アーレスティ(5852)の週足

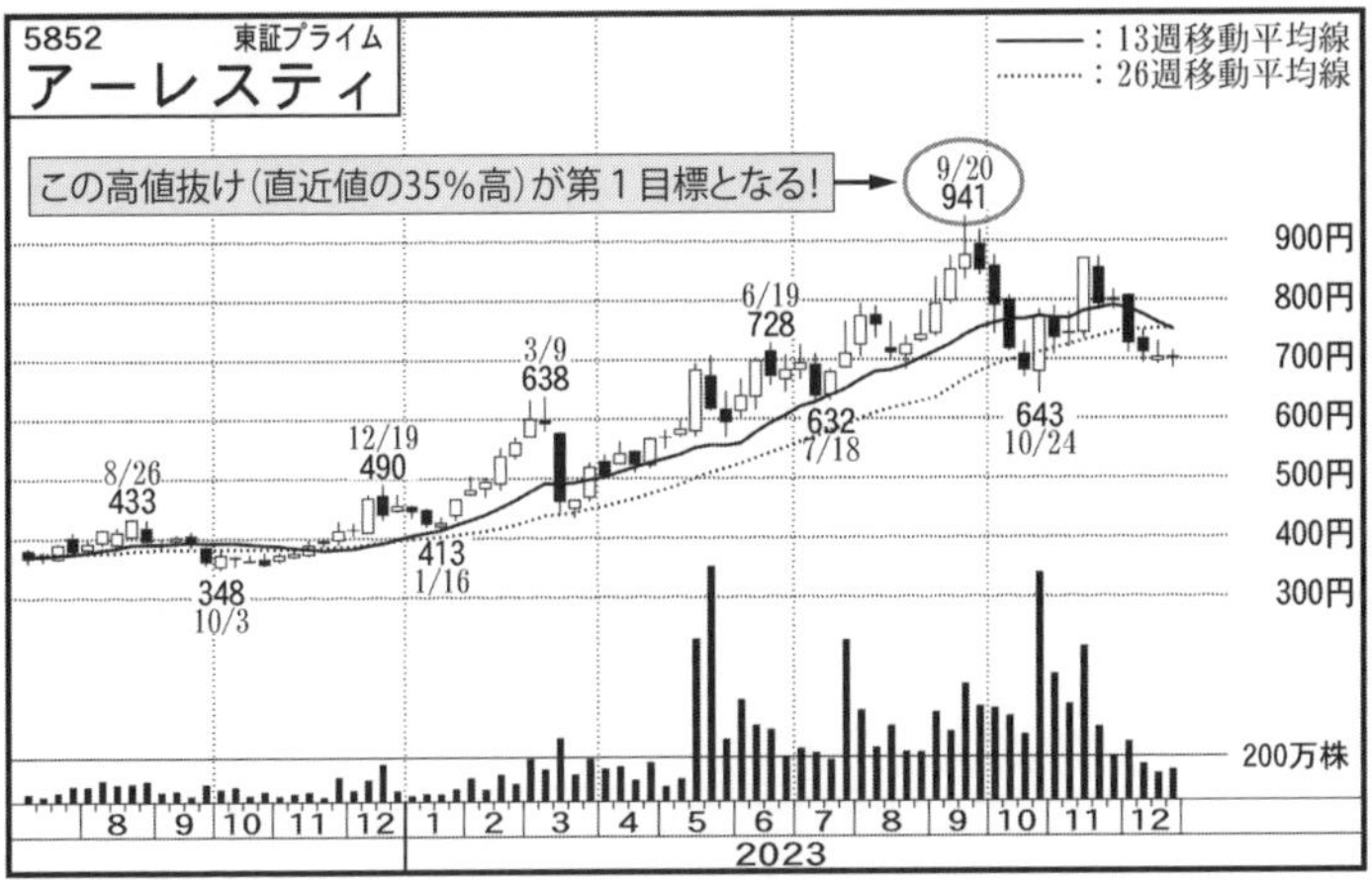

◉アーレスティの業績推移

	2022年3月期	2023年3月期	2024年3月期(予)
売上高	116,313 (＋25.1%)	140,938 (＋21.2%)	155,000 (＋10.0%)
純利益	▲5,189 (赤字拡大)	▲84 (赤字縮小)	1,400 (黒字転換)
年間配当	10 (＋100.0%)	10 (±0.0%)	20 (＋100.0%)

(注) 単位=売上高、純利益は百万円。年間配当は円。(　)は前期比。2024年3月期は会社予想

グループ③

大幅増配、自社株買いなどを実施 PBR1倍割れ解消に積極的な企業

◆原油価格高騰でもINPEXのPBRはまだ0・6倍

3つ目のグループは、PBR1倍割れ解消を強く意識し、それに向けて行動を起こしつつある企業を取り上げたい。10銘柄のうち9つが東証プライム上場となっているが、時価総額的にそれほど大きくない企業も多く含まれている。これらをコード順に見ていくと、**INPEX（1605）**はエネルギー開発の国内最大手である。原油価格の上昇メリットを享受している。直近のPBRは0・58倍だが、2023年12月期の年間配当を12円増（62円→74円）、1000億円を上限とする自社株買いを発表済みだ。

総合化学トップの**三菱ケミカルグループ（4188）**も増配方針（30円→32円）で、直近株価が4割ほど上がればPBR1倍を奪回できる。ダイカストの世界的メーカーである**リョービ（5851）**は、特注銘柄（◯）とした。好業績である。

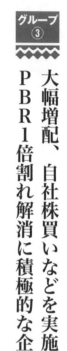

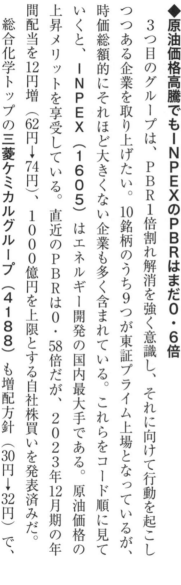

◉PBR1倍割れ解消に積極的な企業（セレクト10）

コード	銘柄	株価（円）	BPS（円）	PBR（倍）
1605	INPEX	1,945.5	3,352.0	0.58
4188	三菱ケミカルグループ	849.8	1,211.0	0.70
○ 5851	**リョービ**	**2,616.0**	**4,669.0**	**0.56**
7087	ウイルテック	841.0	1,110.0	0.76
7250	太平洋工業	1,252.0	2,683.0	0.47
8137	サンワテクノス	2,142.0	3,056.0	0.70
◎ 8173	**上新電機**	**2,378.0**	**3,877.0**	**0.61**
△ 8242	**エイチ・ツー・オーリテイリング**	**1,517.0**	**2,227.0**	**0.68**
9107	川崎汽船	6,030.0	6,679.0	0.90
9932	杉本商事	2,197.0	3,437.0	0.64

（注）掲載はコード順。BPS（1株当たり純資産）は直近ベース、PBR（株価純資産倍率）は2023年12月26日終値ベースの数値

ウイルテック（７０８７）は東証スタンダード上場だ。製造請負、建設技術者の派遣を主力とする。安定的な配当の継続を基本方針としており、２０２４年３月期以降の年間配当に40円の下限を設定している。ＰＢＲ１倍を意識した動きだろう。

太平洋工業（７２５０）は時価総額７７０億円規模だが、東証プライム銘柄である。自動車向けのプレス・樹脂部品を事業の柱とし、主要取引先はトヨタグループだ。タイヤ周りに強い。ＰＢＲはまだ０・４倍台だが、株価は２０２３年初めの９８０円を底に上値を切り上げている。

◆大幅増配のサンワテクノスはPBR1倍に接近中

サンワテクノス（8137）は時価総額340億円規模と小粒だが、東証プライムに上場し、業容を拡大している。もともと中国に強かったが、最近はベトナム、インドを開拓中だ。独立系の技術商社の同社は、株主優遇に積極的である。自社株買いとともに大幅増配（2023年3月期の年間配当を前期比53円増の90円に）を実施した。株価は、PBR1倍に相当する3056円に向けた動きを指向している。

上新電機（8173）、**エイチ・ツー・オーリテイリング（8242）**はともに関西を地盤としており、前者を特注銘柄の「◎」、後者を「△」とした。関西は大きなイベントを控え、盛り上がっている。

川崎汽船（9107）は、積極的かつ機動的な株主還元策が評価され、右肩上がりの強い相場が続いている。2023年には年間配当400円に加え、600億円を上限とした自社株買いを発表しており、株価はPBR1倍に相当する6679円を一気に突破する勢いだ。大型タンカー運賃の上昇が追い風となろう。なお、2024年3月期の年間配当は200円と予想されている。

杉本商事（9932）は時価総額250億円規模と小粒だが、東証プライム銘柄である。

同社は機械・工具を主に取り扱う専門商社であり、**オリックス（８５９１）**グループの隠れたスポンサー企業として注目を集めている。オリックスは、傘下のプロ野球球団・オリックス・バファローズが２０２３年に３連覇を達成したが、杉本商事は同球団の２軍球場のネーミングライツを有している。さらに、シーズン中はチームの強打者、杉本裕太郎選手の活躍が株価を刺激することがある。

　このほか、好業績に加え、テーマ性を内包し、ＰＢＲ１倍を中・長期的に奪回しそうな銘柄には、睡眠改善ベッドの**ドリームベッド（７７９１）**、パチスロ・パチンコ関連の**マースグループホールディングス（６４１９）**などがある。

　さらに、情報セキュリティを手がけている**バリオセキュア（４４９４）**、大阪の警備会社として飛躍が期待できる**東洋テック（９６８６）**、化学セクターに位置づけられているが、実際は食品業界と縁の深い**ミヨシ油脂（４４０４）**などは、早期にＰＢＲ１倍水準を目指すだろう。

　地銀の**八十二銀行（８３５９）**、**ひろぎんホールディングス（７３３７）**は証券会社を傘下に持ち、収益源の多角化に努めている。これらの企業は「１倍クリアまであと一歩」のところが多く、やる気満々のようだ。

グループの特注銘柄③

◎

上新電機（8173）

量の拡大より質の向上で収益増を目指す

◆創業100周年を見据えた成長シナリオを作成

関西地区で家電量販店の「ジョーシン」を展開している。東京に3店舗、筆者の地元の埼玉県に6店舗ある。阪神タイガースのスポンサー企業としても知られる。業績は横ばい傾向が続いた売上高に対し、純利益は2023年3月期の2割減益で底打ちとなったようだ。インバウンドの回復もあり、2024年3月期は20％以上の増益が見込まれている。

2023年に創業75周年を迎えた同社は、2048年の創業100周年を見据えた中・長期の成長シナリオを作成した。その骨子は、売上高の7～8割を占めるとされる同社のファン、およびコアファンを重視した戦略である。2022年度時点の店舗数は221となっているが、今後は量の拡大より質の向上に注力し、収益力を強化する方針だ。実際、小ぢんまりとした店舗が多い。株価は、中・長期的にPBR1倍奪回ラインの3880円を目指す展開となろう。

◉上新電機(8173)の週足

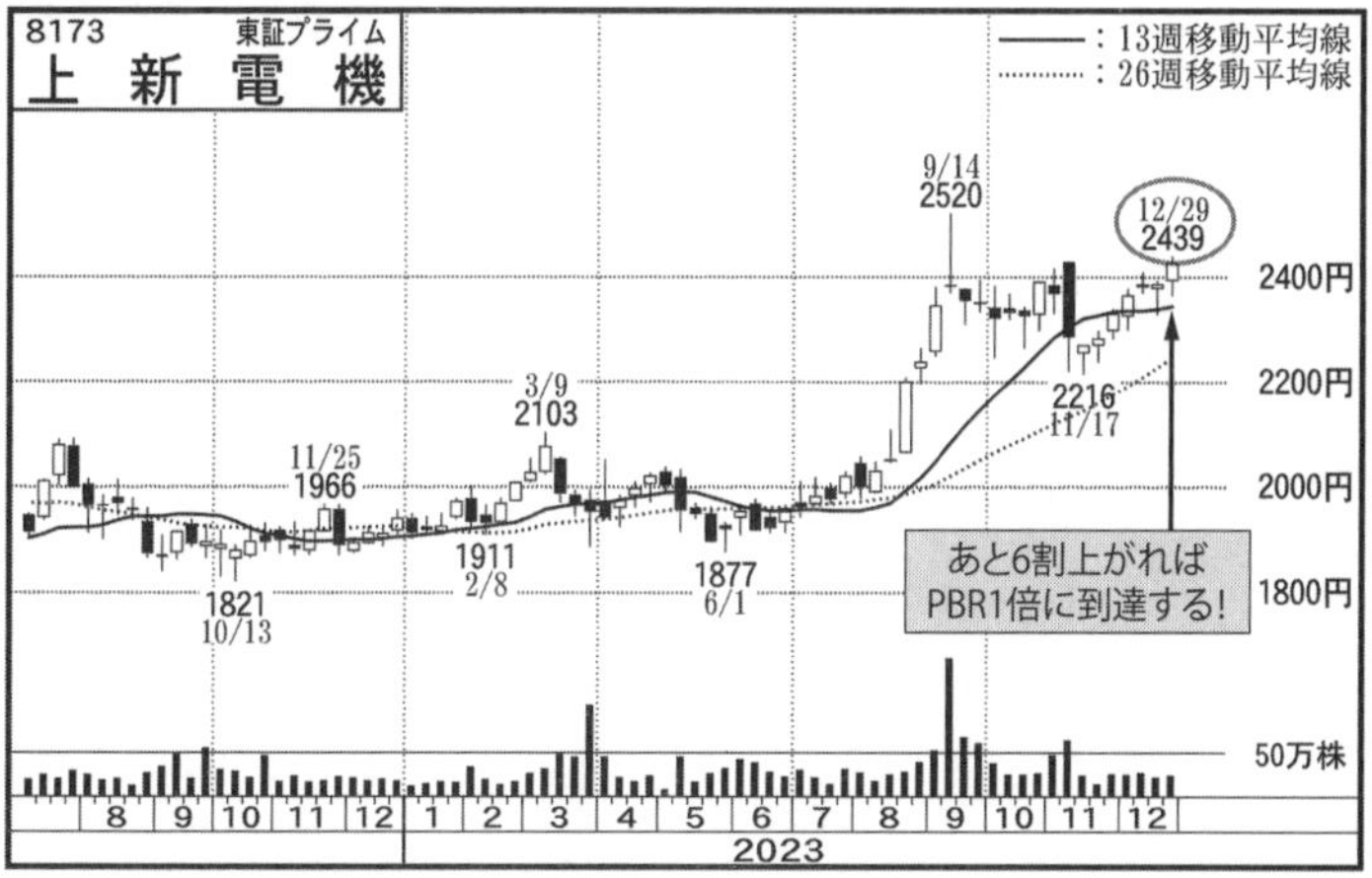

◉上新電機の業績推移

	2022年3月期	2023年3月期	2024年3月期（予）
売上高	409,508 （▲8.8%）	408,460 （▲0.3%）	410,000 （＋0.4%）
純利益	6,391 （▲28.0%）	4,972 （▲22.2%）	6,000 （＋20.7%）
年間配当	75 （±0.0%）	75 （±0.0%）	75 （±0.0%）

（注）単位=売上高、純利益は百万円。年間配当は円。（　）は前期比。2024年3月期は会社予想

グループの特注銘柄③

○

リョービ（5851）

業績急回復のギガキャスト銘柄

◆2023年12月期の年間配当は前期比25円増の70円に

「100年に1度の大変革期」ともいわれる自動車業界において、独立系ダイカスト専業メーカーの同社は存在感を増している。数多くの部品を統合し、コストを大幅に削減できる「ギガキャスト」（現在の86部品・33工程を1部品・1工程に短縮可能）は、同社が得意とする生産技術である。

自動車業界の増産を背景に、業績も拡大してきた。コロナ禍などの影響を受け、2021年12月期まで2期続いた最終赤字は2022年12月期に大幅黒字転換となった。続く2023年12月期も2ケタ増益が有望視されている。1株利益は2023年12月期が259円、来期が270円となろう。

好調な収益拡大を受け、2023年12月期の年間配当を前期比25円増の70円とする。従来予想は50円（前期比5円増）だったが、大幅に上方修正した。この株主を意識した経営方針は高く評価できる。株価は、上値指向を強めている。

●リョービ(5851)の週足

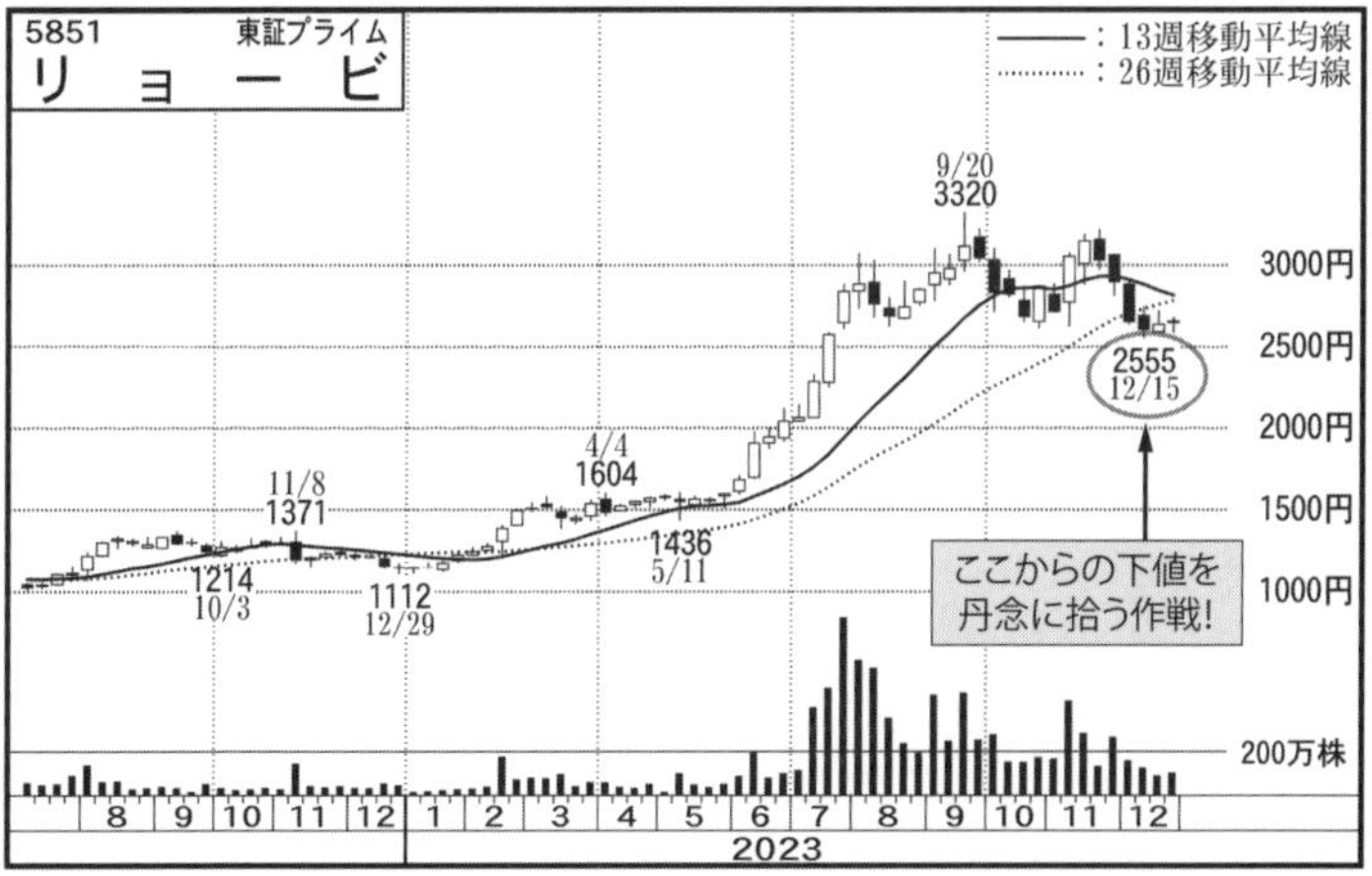

●リョービの業績推移

	2021年12月期	2022年12月期	2023年12月期(予)
売上高	198,073 (＋15.9%)	249,521 (＋26.0%)	270,000 (＋8.2%)
純利益	▲4,397 (赤字拡大)	4,784 (黒字転換)	8,400 (＋75.6%)
年間配当	20 (復配)	45 (＋125.0%)	70 (＋55.6%)

(注) 単位=売上高、純利益は百万円。年間配当は円。(　)は前期比。2024年3月期は会社予想

△

エイチ・ツー・オーリテイリング（8242）

インバウンド効果が期待できる西の横綱

◆傘下のスーパーも販売好調、PBR1倍奪回は通過点

2007年、阪急百貨店と阪神百貨店が統合し誕生した。大阪梅田に拠点がある。2023年8月の売上高は23・8％増となり、これは23カ月連続して前年を上回ったことを示している。業績は2023年3月期に大幅な増収増益を達成した。その反動で2024年3月期は、純利益が20％減益となる模様だ。ただ、これは当初予想の80億円が130億円に上方修正されている点を見逃してはならない。それに、2023年3月期には不動産売却益が含まれている。

もとより、西日本におけるインバウンド関連の中核的存在であり、傘下のスーパーとともに今後が楽しみだ。大阪万博、IR（統合型リゾート）の推進が追い風となる。株価は、2022年1月の768円を底に上昇トレンドを継続している。2023年のプロ野球では阪神タイガースが日本一になった。今、関西が熱い。PBR1倍奪回ラインの2227円到達は、もはや時間の問題だろう。

◉エイチ・ツー・オーリテイリング(8242)の週足

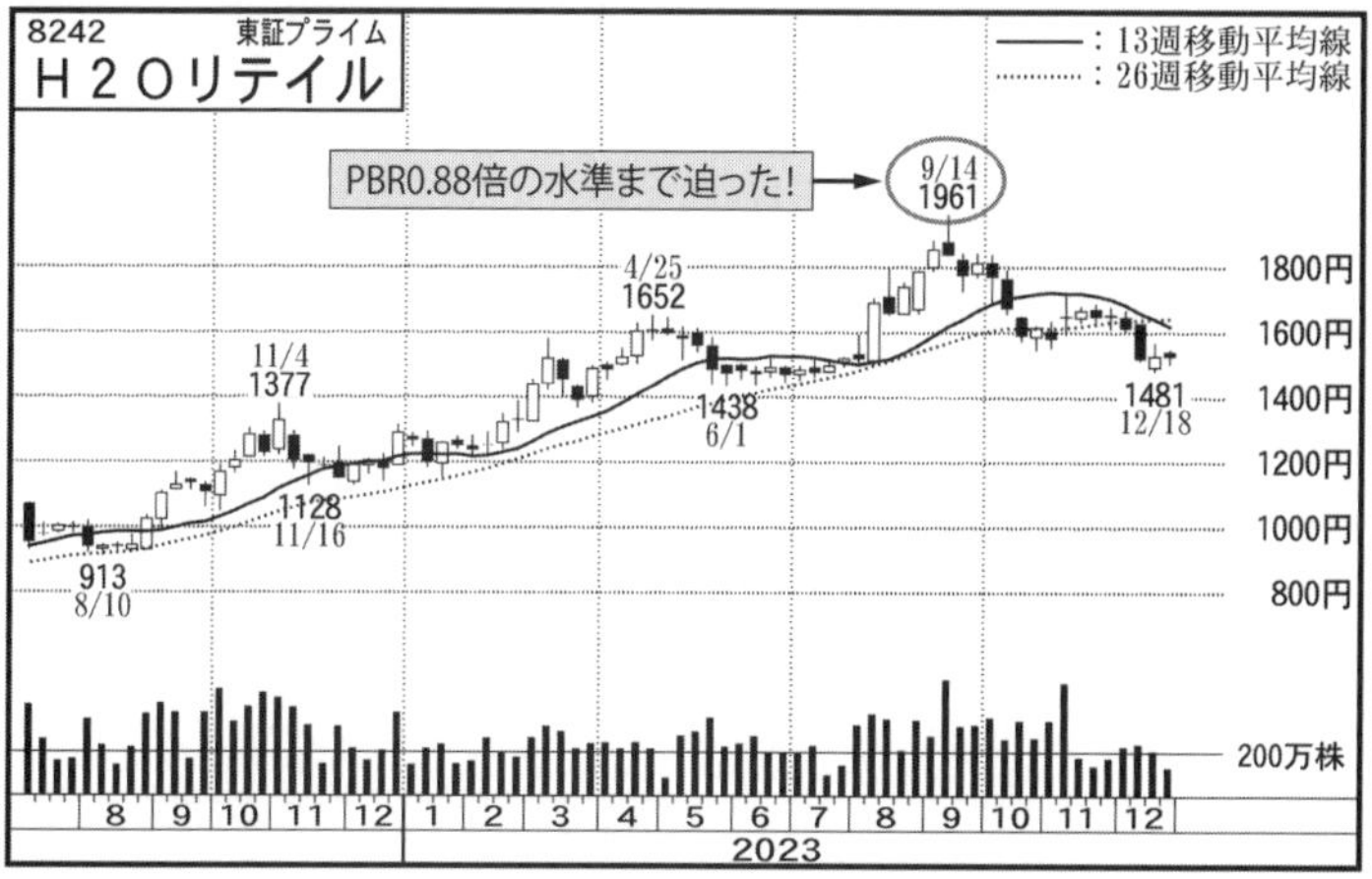

◉エイチ・ツー・オーリテイリングの業績推移

	2022年3月期	2023年3月期	2024年3月期（予）
売上高	518,447 （▲29.9%）	628,089 （＋21.1%）	680,000 （＋8.3%）
純利益	9,872 （黒字転換）	16,382 （＋65.9%）	13,000 （▲20.6%）
年間配当	25 （±0.0%）	25 （±0.0%）	28 （＋12.0%）

（注）単位=売上高、純利益は百万円。年間配当は円。（　）は前期比。2024年3月期は会社予想

コラム……02

セプテンバー＆オクトーバー効果

(9～10月の買いは成功する！)

ウォール街では、セプテンバー＆オクトーバー効果と呼ばれている。伝えられているように、NYダウの9月（セプテンバー）のパフォーマンスは悪い。2020年がマイナス2.3%、2021年がマイナス4.3%、2022年がマイナス8.8%、2023年がマイナス3.5%である。

アメリカは9月が年度末だ。期末を控えてのリバランス、利益確定売りが影響しているのだろう。実は1928年以降、S&P500指数の9月の騰落率は平均マイナス1.1%と12カ月中、最低である。それに、10月（オクトーバー）は過去、大きなショック安に見舞われている。日本市場はこの動きに引きずられる。しかし、9～10月の買いは、大きな果実をもたらすことになる。

日本市場の10月買いのパフォーマンスは12カ月中、ダントツ1位（2000年以降）である。NY市場では「セル・イン・メイ（株は5月に売れ）」と称するが、5～6月のこの時期は収穫のタイミングであることを示唆している。欧米は実りの春（初夏）である。9～10月に種をまかねば収穫はできない。それと同じく、株式だって買っておかねば売れないではないか。

狙い目は、やはり主軸株がターゲットになろう。**トヨタ自動車（7203）**、**ホンダ（7267）**、**ソニーグループ（6758）**、**日立製作所（6501）**などがその候補である。

小物ではIPO（新規上場株）の**キャスター（9331）**、**AVILEN（5591）**が面白い。このほか、**Ubicomホールディングス（3937）**、**コマースOneホールディングス（4496）**には材料がある。株価はジリ高を見せている。

〈第3章〉

ウォーレン・バフェット氏に学ぶ！

総資産17兆円超ともいわれる
「投資の神様」
バフェット氏は5大商社株の次に
何を買うのか？

業績低迷の繊維会社を買収後、世界最大の投資持ち株会社に成長させたバフェット氏

◆巨大ファンドの経営者たちに受け継がれるバフェット流投資哲学と戦術

株式投資に携わる多くの人にとって、ウォーレン・エドワード・バフェット氏（2023年12月時点で93歳）はあこがれの存在である。特に、長期投資家は「投資の神様」のように尊敬しているのではないか。もちろん、銘柄発掘歴50年以上、株式関連著書110冊超の筆者も同様である。

バフェット氏は、世界最大の投資持ち株会社「バークシャー・ハザウェイ」の会長兼CEO（最高経営責任者）、筆頭株主である。同社はかつて紡績業中心の会社であったが、株式の割安性に着目したバフェット氏が35歳のとき買収し、その後、投資業にビジネスの軸を転換した。1965～2015年の50年間に、同社の資産規模は約2万倍（その間のS&P500指数は約1400倍）になっている。直近の運用資産は325

0億ドル（47・1兆円）に達するという。

バフェット氏は同社の成功、発展により、2023年11月時点で1208億ドルといわれる資産を所有する。今や誰もが認める世界的な富豪となったわけだが、1208億ドルは、1ドル145円で換算すると、実に17兆5160億円となる。バークシャー・ハザウェイの主力銘柄の平均保有期間は、27年といわれている。だが、最近は銘柄の入れ替えをひんぱんに行なっている。

バフェット氏は高齢だが、現状、その富豪ぶりと投資に対する情熱、姿勢に変化は感じられない。もちろん、年齢的な衰えに抗《あらが》うことはできないだろうが、重要な点はバフェット流の投資哲学、考え方、その戦術が世界最大の資産運用会社、ブラックロックの経営者などに連綿と受け継がれていることだ。

彼らの多くは、長期投資を得意とするファンドの経営者である。「これぞ」という有望株を大量に仕込み、長期にわたって保有する。莫大な運用益（キャピタルゲイン）と配当（インカムゲイン）を得てきた彼らは、まさにバフェット流投資哲学の実践者たちである。ならば、長期の投資姿勢を貫こうとする個人投資家も、バフェット氏の教えに学び、バフェット流投資哲学を実践すればよいのではないか。

◆5大商社株の大量保有→急騰劇で証明されたバフェット氏の投資力

バフェット氏の眼力のすごさ、その投資力を見せつけられたのは、2020年の夏以降に明らかとなった日本の5大商社株の買い増しである。世の中の関心が新型コロナウイルスの感染拡大に集中（マーケットが低迷）するなか、市場関係者の間では「なぜ今頃、（目新しくもない）総合商社？」といわれたものだ。ところが、その結果は表の数字が示すとおりである。

バークシャー・ハザウェイによる5大商社株の大量保有が大きく報じられたのは、2020年8月である。この月の終値と2023年高値の上昇率を見てみると、**丸紅（8002）**の322・9％を筆頭に、**三井物産（8031）**209・7％、**三菱商事（8058）**207・7％、**住友商事（8053）**140・9％、**伊藤忠商事（8001）**127・7％となっている。

ちなみに、同期間における日経平均株価の上昇率は46・3％（2万3139円→3万3853円）であり、運用成績の基準となる株価指数をはるかに上回るパフォーマンスは、「お見事！」の一言に尽きる。

バフェット氏は2023年4月、二度目となる訪日を果たし、5大商社の首脳らと面

◉5大商社株と日経平均株価の推移

銘柄（コード）	伊藤忠（8001）	丸紅（8002）	三井物産（8031）	住友商事（8053）	三菱商事（8058）	日経平均
2020年8月	2,723.5	639.6	1,914.0	1,374.5	837.5	23,139
2020年12月	2,964.0（8.8）	686.1（7.3）	1,889.5（▲1.3）	1,365.5（▲0.7）	847.0（1.1）	27,444（18.6）
2021年12月	3,518.0（29.2）	1,119.5（75.0）	2,723.5（42.3）	1,700.5（23.7）	1,217.3（45.3）	28,791（24.4）
2022年12月	4,146.0（52.2）	1,515.0（136.9）	3,853.0（101.3）	2,196.0（59.8）	1,427.6（70.5）	26,094（12.8）
2023年高値	6,201.0（127.7）	2,705.0（322.9）	5,928.0（209.7）	3,311.0（140.9）	2,577.3（207.7）	33,853（46.3）

（注）2023年高値以外の株価（単位：円）はすべてその月の終値。
（　）の数字は2020年8月終値に対する騰落率（単位：%）。

談するとともに、日本株の優位性と5大商社株のさらなる買い増しなどについてコメントした。海外メディアでも大きく報じられた一連の氏の言動は、その後の日本株急騰のきっかけになったといわれている。

この章の趣旨は、筆者の目線で「バフェット氏が5大商社株の次に買う銘柄を探る」というものだが、その前に改めて5大商社株の有望性を検証してみたい。

なお、上の表「5大商社株と日経平均株価の推移」、次ページ以降の各銘柄分析については、ともに証券コード順としている。

バークシャー・ハザウェイが保有する5大商社株 **1**

伊藤忠商事

［8001］ ＊チャートは月足

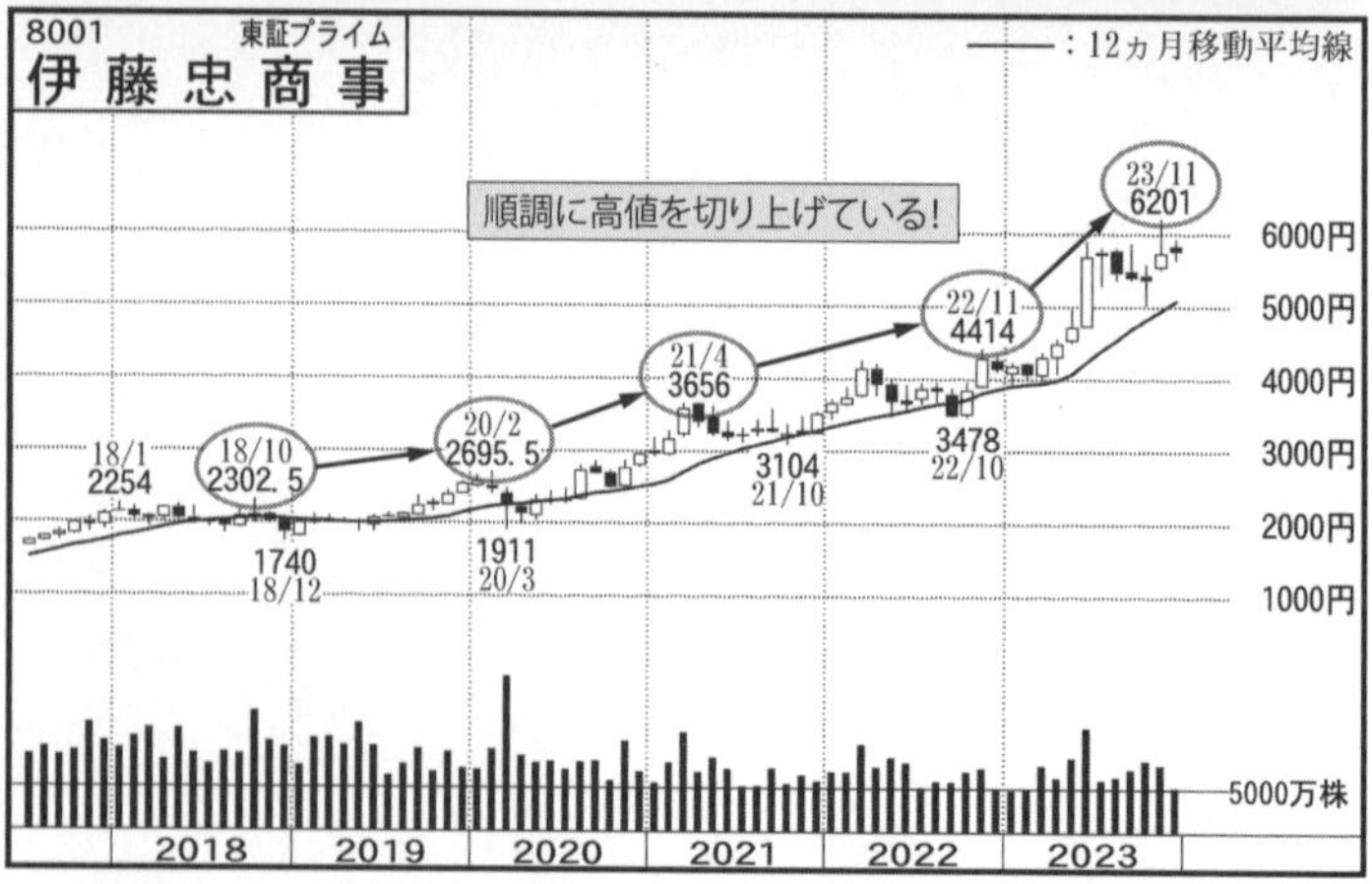

M&Aで成長路線に弾み、株価には上値余地

大建工業を子会社化するなど積極経営が光る総合商社だ。純利益に占める資源部門の比率が5社のうち最も低い。バフェット氏が来日した際、最初に訪れた企業とされる。氏は、岡藤正広会長を中心とした経営陣を高く評価していると思う。

株価は2021年12月終値3,518.0円、2022年12月終値4,146.0円、2023年11月高値6,201円と順調に上値を追っている。2020年8月末との比較では他社に割り負けているが、その分、上値余地も大きいといえるだろう。

2024年の目標株価　7,200円

2026年の目標株価　7,800円

バークシャー・ハザウェイが保有する5大商社株　2

丸紅

［8002］　＊チャートは月足

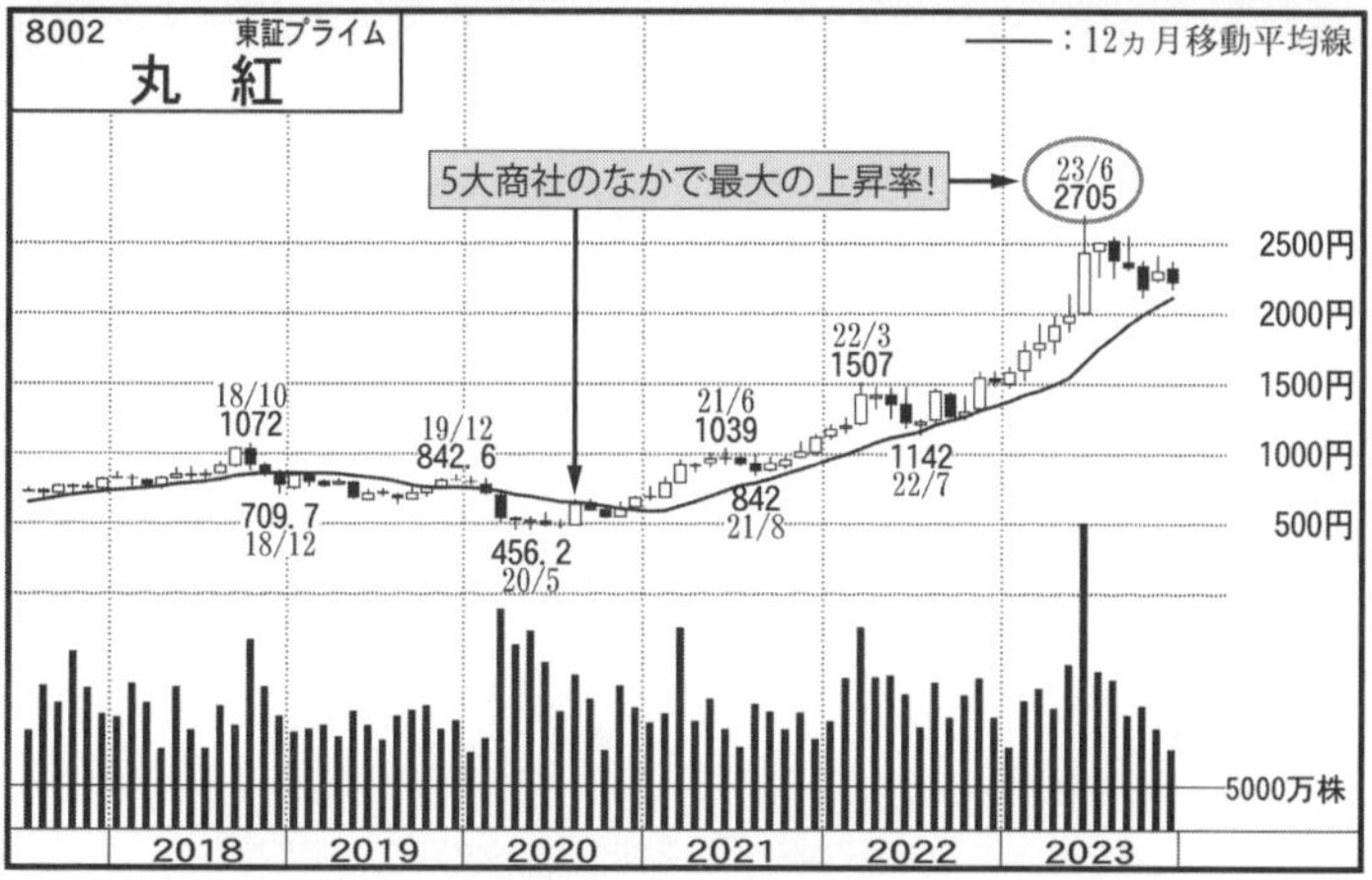

ROEの高さを背景に株価は上値を追う

食料、資源、プラント、航空機、発電など幅広くビジネスを展開している。このうち、食料部門では日本のコーヒー生豆消費量の約３割を取り扱い、資源部門ではチリの鉱山開発を通じて、わが国トップクラスの銅持分権益量を有する。また、航空機部門では250機の航空機を保有し、世界のエアライン74社にリースしている。経営指標面では、前期のROE（株主資本利益率）が22.4％と5社のうち最も高いのが特徴である。

先ほども触れたように、株価は5社のなかで最大のパフォーマンスを示しており、今後の展開が楽しみである。

2024年の目標株価　2,670円

2026年の目標株価　3,000円

バークシャー・ハザウェイが保有する5大商社株 3

三井物産

［8031］　＊チャートは月足

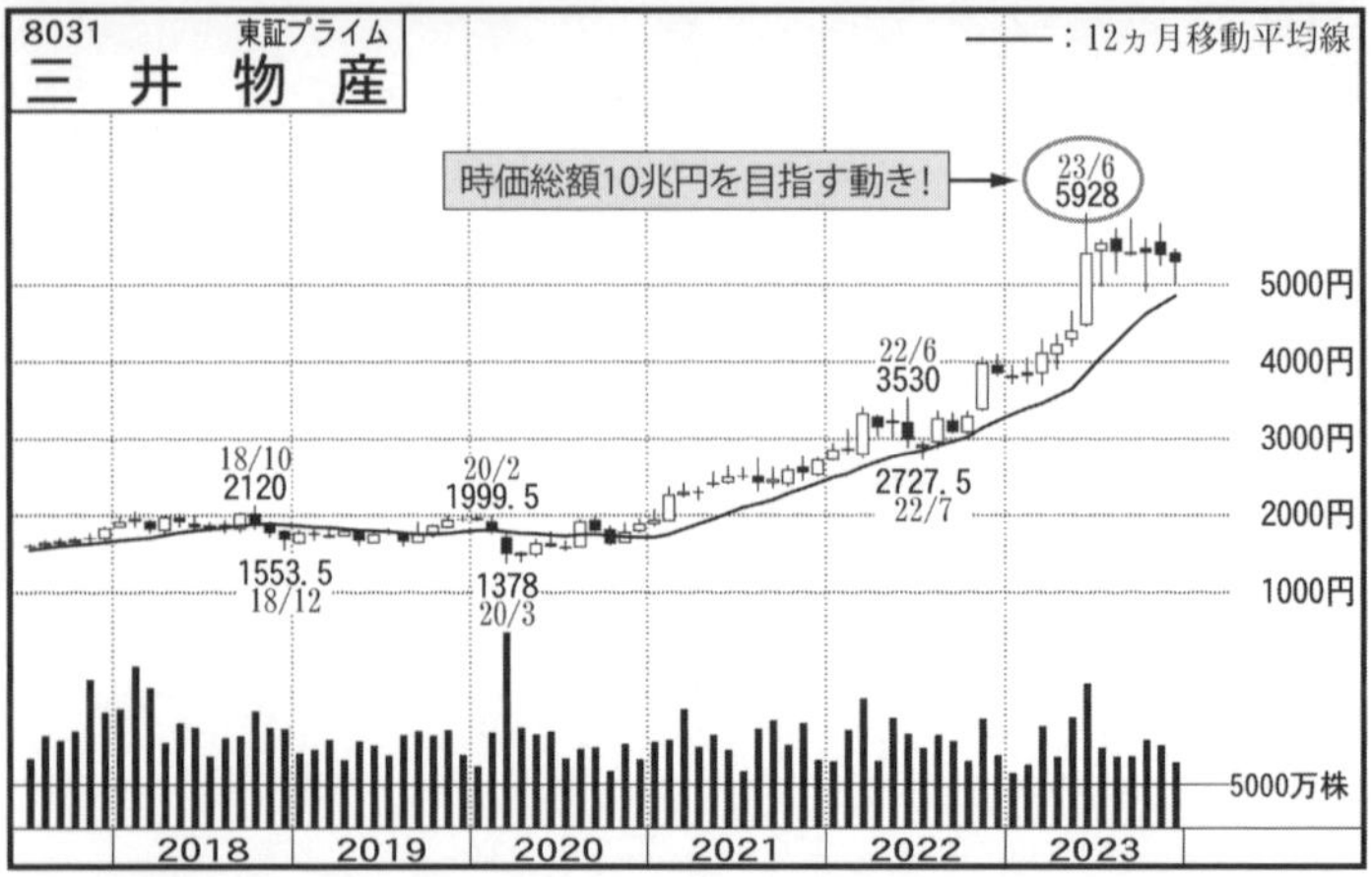

CF重視の経営で時価総額10兆円企業を指向

鉄鉱石、原油など資源分野に強く、CF(キャッシュフロー)を重視した経営に注力している。CFはバフェット氏が重視する経営指標の1つであり、この点、同社は大株主の意向に忠実といえる。2023年3月期を最終とする「中期経営計画2023」では、基礎営業CF、純利益、ROEの3つとも目標を大きく上回って着地した。現在進行中の中期経営計画では、2026年3月期の純利益を9,200億円としている。

株価は2023年6月に5,928円まで買われ、時価総額も8兆円を超えた。次の目標は当然、10兆円超えとなろう。

2024年の目標株価　6,350円

2026年の目標株価　7,200円

バークシャー・ハザウェイが保有する5大商社株 **4**

住友商事

［8053］ ＊チャートは月足

PBR1倍割れ解消は時間の問題

金属、輸送機・建機、インフラ、メディア・デジタル、生活・不動産、資源・化学品と6つの事業を展開している。このうち、売上高構成比率は資源・化学品が25.4％で最も高い。2023年3月期の純利益は5651億円強と前期比21.9％増益を達成した。ただ5社のなかでは、原稿執筆時のPBR（株価純資産倍率）が0.9倍と、唯一1倍未達となっている。PBR1倍奪回は早いと思う。

一方、年間予想配当125円に対する時価の配当利回りは4.0％であり、これは5社中最も高い。安定的な配当政策は株価の支援材料となろう。

2024年の目標株価　3,600円

2026年の目標株価　4,000円

バーク シャー・ハザウェイが保有する5大商社株 5

三菱商事

［8058］ ＊チャートは月足

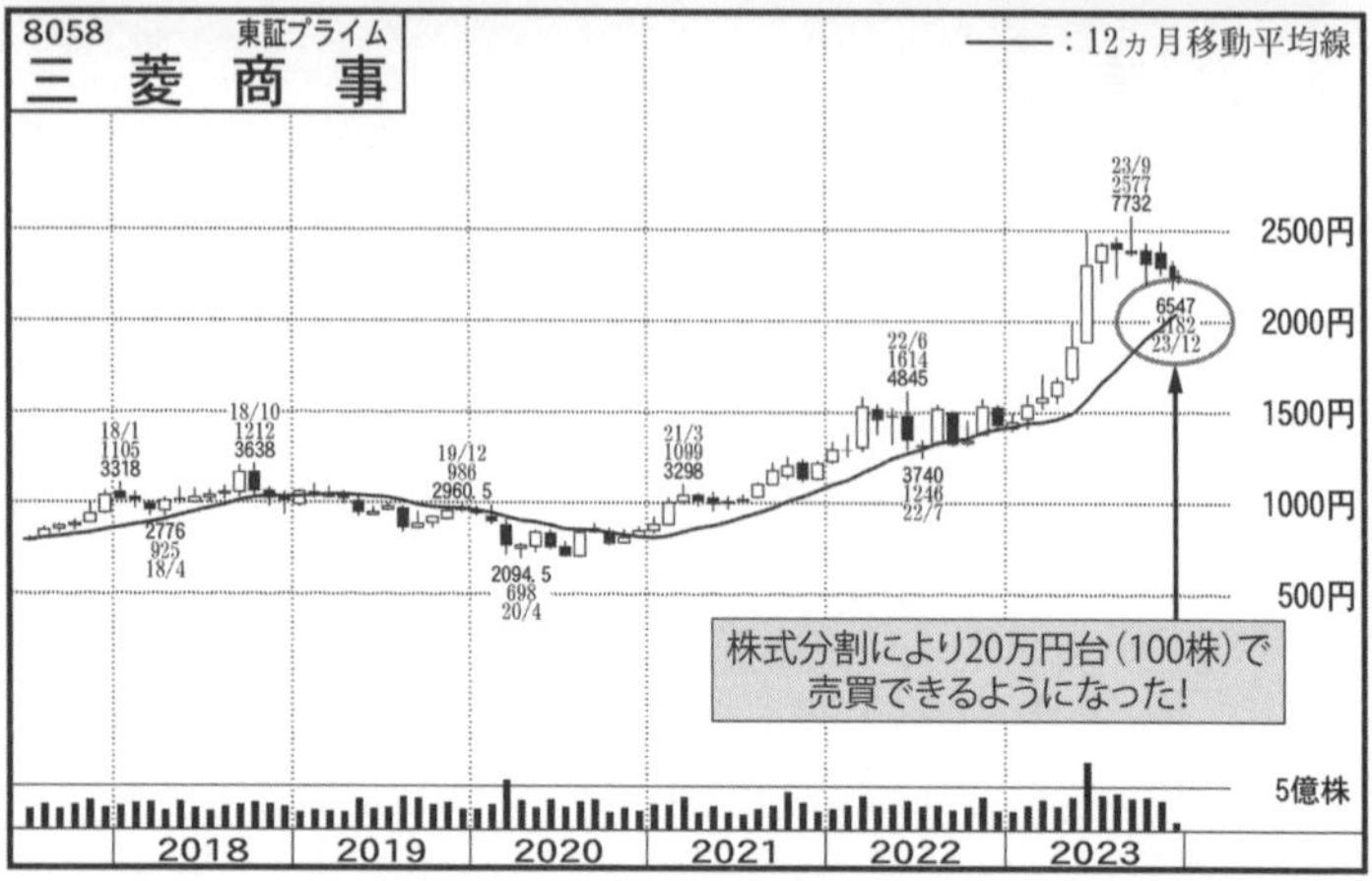

2023年末に1対3の株式分割を実施

売上高のうち、石油化学が18%、金属資源が17%を占めている。前期ベースのROEは15.8%と5社中最も低いが、3年前との比較では6ポイント上昇している。2023年6月、バークシャー・ハザウェイは、5大商社株の保有率を平均8.5%以上に引き上げたと発表した。これを好感するかたちで5大商社株は上場来高値を更新し、同社株の時価総額は6月20日に初めて10兆円を超えた。もちろん、これは商社初の"快挙"である。

2023年末には1対3の株式分割を行なっている。これも中・長期的には株価支援材料となろう。

2024年の目標株価　2,700円

2026年の目標株価　3,100円

5大商社株の次に買われる銘柄は何か バフェット氏の投資戦術を読み解く

◆筆者独自の目線で8つの戦術とイチ押し銘柄を推論する

バフェット氏の持論は、「優良株は常に、割高に買われている。それが何らかのアクシデントに巻き込まれた局面は、天与の買いチャンスとなる」というもの。もちろん、そのアクシデントが経営に致命傷的なものか否か、早期に再建可能かどうかがポイントになる。次ページ以降では、バフェット氏流の投資哲学をもとに、筆者独自の推論でその戦術を読み解いてみたい。そして、それをもとに、投資家の誰もが高い関心を寄せる「5大商社株の次に買われる銘柄」について述べてみたいと思う。便宜上、バフェット氏の投資戦術を8つに分け、各戦術に即した候補銘柄を3つずつピックアップした。そして、3つのうち最も有望視している銘柄を「イチ押し銘柄」とし、ページを改めチャート付きで詳述している。

◆バフェット氏の基本姿勢は富を築く「集中投資」

なお、バフェット氏率いるバークシャー・ハザウェイのポートフォリオ上位10銘柄は、2023年第1四半期時点で1位アップル、2位バンク・オブ・アメリカ、3位アメリカン・エキスプレス、4位コカ・コーラ、5位シェブロン、6位オキシデンタル・ペトロリアム、7位クラフト・ハインツ、8位ムーディーズ、9位ヒューレット・パッカード、10位ダヴィータと発表されている。

このうちアップルは世界的なIT企業の巨人（2023年の売上高は57兆円超）、バンク・オブ・アメリカは米国最大手クラスの銀行、アメリカン・エキスプレスはクレジットカードなどの発行企業、コカ・コーラは誰もが知る飲料メーカー、シェブロンはスーパーメジャーと呼ばれる石油関連企業である。

また、オキシデンタル・ペトロリアムはエネルギー開発会社、クラフト・ハインツは世界的な食品メーカー、ムーディーズは債権の大手格付け会社、ヒューレット・パッカードはパソコンなどで知られるハイテク企業、ダヴィータは医療サービスを提供する会社である。

バークシャー・ハザウェイのポートフォリオ（2023年8月時点）を見ると1位の

◉バークシャー・ハザウェイのポートフォリオ（主要銘柄）

順位	銘柄（略称）	組み入れ比率
①	アップル（AAPL）	51.0%
②	バンク・オブ・アメリカ（BAC）	8.5%
③	アメリカン・エキスプレス（AXP）	7.6%
④	コカ・コーラ（KO）	6.9%
⑤	シェブロン（CVX）	5.6%
⑥	オキシデンタル・ペトロリアム（OXY）	3.8%
⑦	クラフト・ハインツ（KHC）	3.3%
⑧	ムーディーズ（MCO）	2.5%
⑨	ヒューレット・パッカード（HPQ）	1.1%
⑩	ダヴィータ（DVA）	1.0%

（出所）市場筋の推計をもとに筆者作成

アップルの組み入れ比率は51・0％に達している。実に、この1銘柄だけで運用資金の半分以上が投じられていることになる。一方、話題を集めている日本の5大商社株については、それぞれ発行済み株式数の数パーセントを保有しているが、このランキング表には1社も入っていない。なお、直近では原油関連、金融関連の銘柄はほとんど売却したという。

バフェット氏の基本姿勢は「集中投資」である。かつて氏は「〝分散〟（投資）は富を得られるかもしれないが、〝集中〟（投資）は富を築く」と語っている。

バフェット流投資戦術①

事業（ビジネスモデル）の継続性

◆長続きすることの難しさ、その重要性を知り尽くしたバフェット氏

バフェット流投資戦術の1番目は、「事業（ビジネスモデル）の継続性」とした。アメリカのネブラスカ州オマハで生まれたバフェット氏は、雑貨店を営んでいた祖父と株式の売買人だった父の影響を受け、幼少期よりビジネス（商売）を始めたとされる。祖父の店で仕入れた飲み物などの訪問販売を皮切りに、さまざまなビジネスを経験する。しかし、残念ながらその多くは長続きしなかったという。

バフェット氏は、投資対象となる企業について事業の継続性を求めているが、そのきっかけはこのような自身の体験によるところが大きいと筆者は考えている。5大商社の株式を大量保有したのも、いずれも古い歴史を持ち、そのビジネスモデルは将来的に長続きすると判断したからではないか。

◆独自のノウハウ・技術を有する「創業100年以上」の老舗企業

バフェット氏が重要視する「事業の継続性」という視点で選んだのは、**味の素（2802）**、**森六ホールディングス（4249）**、**南海化学（4040）**の3銘柄である。いずれも長い社歴を有している。イチ押し銘柄とした味の素は、1909（明治42）年、「うま味調味料」の発見をきっかけに誕生した。創業114年を迎えた2023年現在、祖業の調味料の売上高構成比率は1％にも満たず、総合食品メーカーに成長している。

このカテゴリーの2番手は、森六ホールディングスである。この社名を聞いて、「？」と思われる方も多いかもしれない。しかし、同社の誕生は1663（寛文3）年と古く、2023年には創業360周年を迎えた老舗中の老舗である。藍《あい》の原料となる植物（ダデアイ）の肥料などの流通を手がけてきたが、業態を変え、生き続けている。現在の主力は樹脂加工製品だ。ＥＶ（電気自動車）関連として飛躍が期待できる。

3番手に選んだ南海化学も1906（明治39）年に産声をあげており、堂々たる「創業100年以上」の老舗企業だ。2013年に**中山製鋼所（5408）**から独立した化学品メーカーだが、水処理剤事業なども手がけ、ハイテク工場の排液処理では独走状態にある。

投資戦術①のイチ押し銘柄

味の素（2802）

◆業績、株価の堅調ぶりが光る人・社会・地球貢献企業

同社は1909（明治42）年、「おいしく食べて健康づくり」という志を抱き創業した。アミノ酸の研究を起点に成長を遂げ、7億人を超える人々に多種多様な商品を提供している。現在、アミノ酸メーカーとしては世界ナンバーワンに成長した。同社独自の先端技術力を支える研究開発要員は1700人以上おり、アミノサイエンスで人・社会・地球に貢献する企業である。

業績は増収増益が続いており、極めて堅調だ。この安定ぶりはバフェット氏好みではないか。2024年3月期も7・8％増収、純利益も6・3％増の1000億円が見込まれている。最高益だ。株価は上値追いの展開となっている。今後はバイオテクノロジー、電子材料などハイテク分野に注力する。

郵 便 は が き

（切手をお貼り下さい）

170-0013

（受取人）

東京都豊島区東池袋3-9-7
東池袋織本ビル4F
㈱すばる舎 行

この度は、本書をお買い上げいただきまして誠にありがとうございました。お手数ですが、今後の出版の参考のために各項目にご記入のうえ、弊社までご返送ください。

お名前	男・女	才
ご住所		
ご職業	E-mail	
今後、新刊に関する情報、新企画へのアンケート、セミナー等のご案内を郵送またはEメールでお送りさせていただいてもよろしいでしょうか？ □はい □いいえ		

ご返送いただいた方の中から抽選で毎月3名様に
3,000円分の図書カードをプレゼントさせていただきます。

当選の発表はプレゼントの発送をもって代えさせていただきます。
※ご記入いただいた個人情報はプレゼントの発送以外に利用することはありません。
※本書へのご意見・ご感想に関しては、匿名にて広告等の文面に掲載させていただくことがございます。

◎タイトル：

◎書店名（ネット書店名）：

◎本書へのご意見・ご感想をお聞かせください。

ご協力ありがとうございました。

◉味の素（2802）の週足

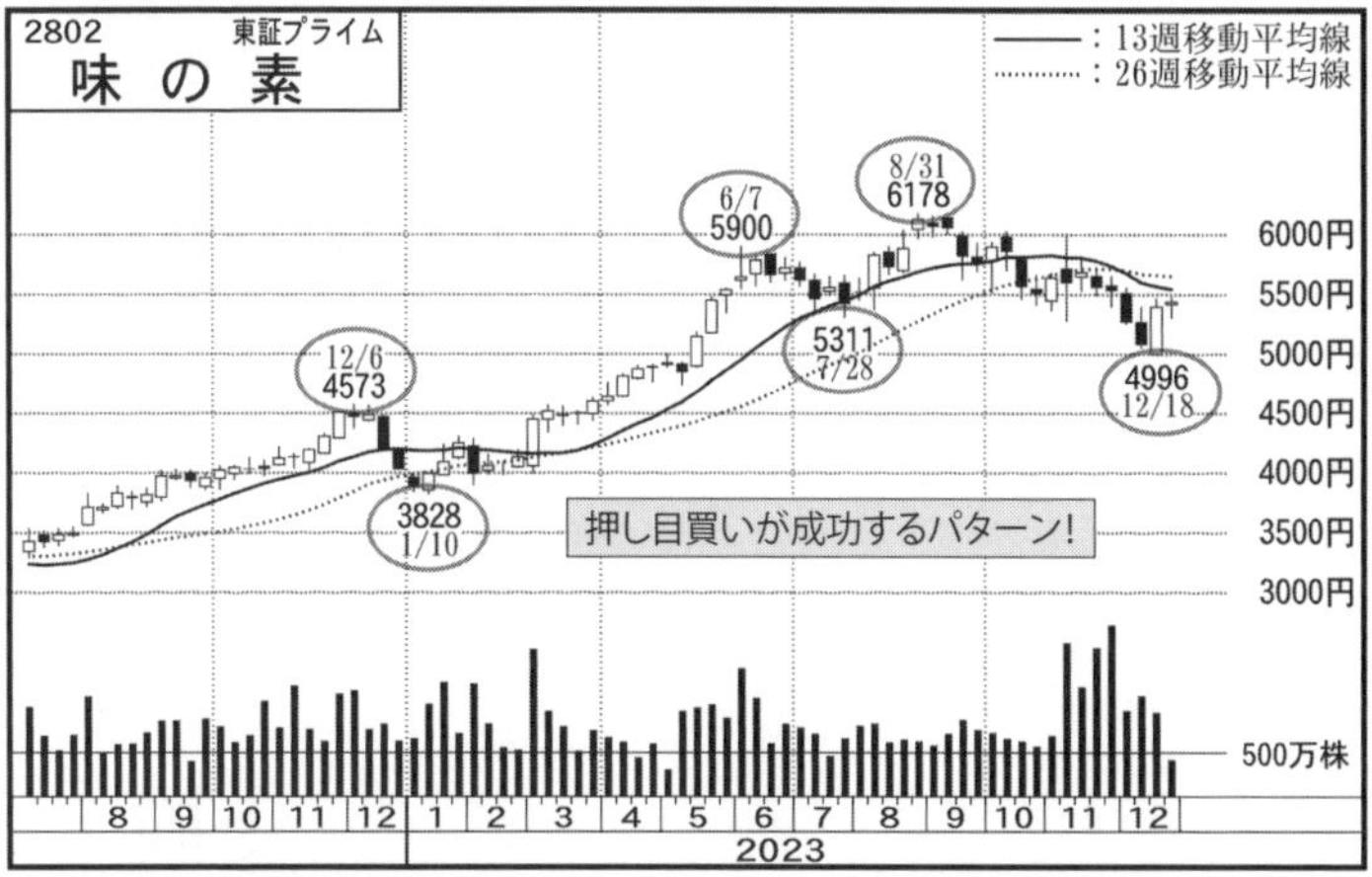

◉数字で見る味の素グループ

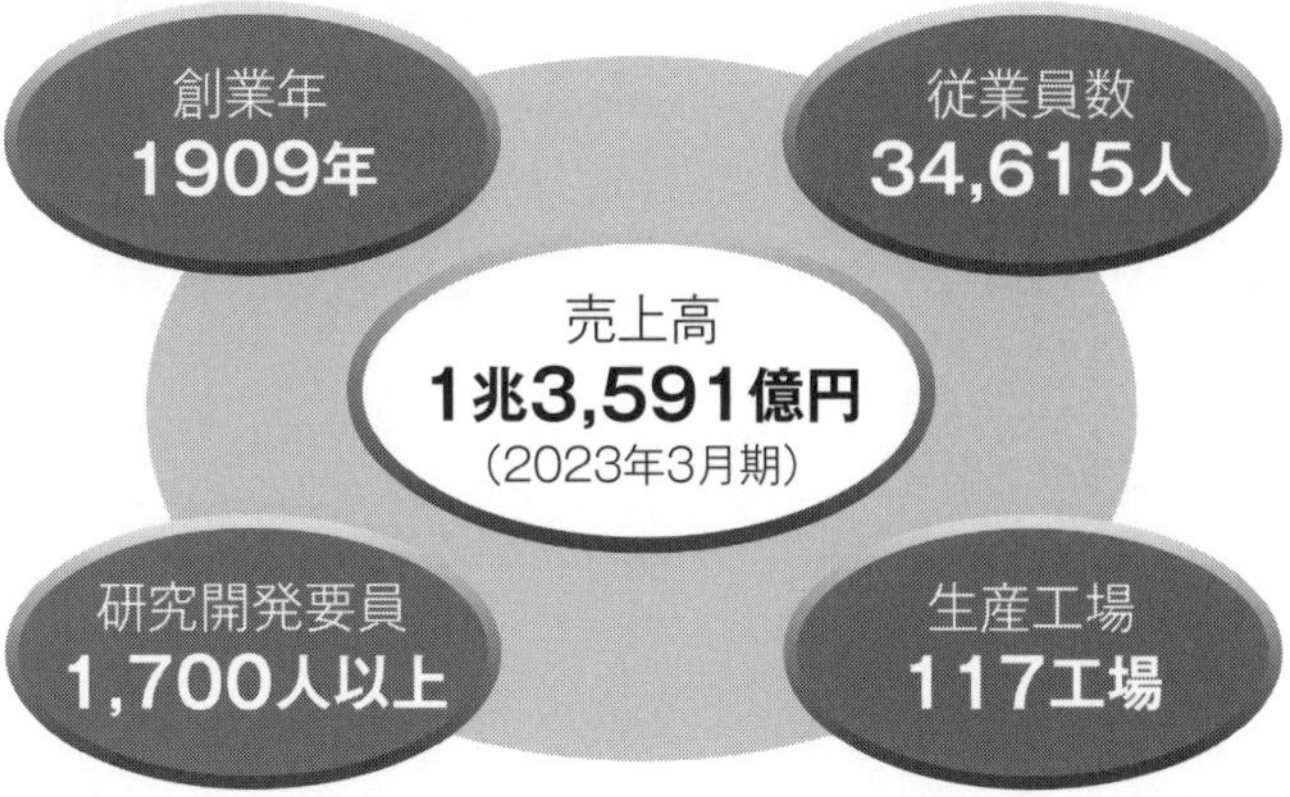

業績	純利益（億円）	配当（円）
2023.3	940.65	68.0
2024.3（予）	1,000.00	74.0

バフェット流投資戦術②

定点観測（周辺情報を重視）

◆周辺情報は長期投資に必要不可欠なファクターとなる

バフェット氏は、11歳のとき初めて株式投資を行なったと伝えられている。15セント（0・15ドル）ほど値上がりしたところで売却したようだが、その直後に株価は急騰する。結果的に、目先のわずかな利益を欲したため、大きな利益を逃すことになる。バフェット氏は、これによって長期投資の大切さを学んだという。

その後、バフェット氏は世界的な長期投資家として名を馳せていくのだが、その過程でいくつもの教訓を得る。その1つが「定点観測」の重要性である。投資企業の製品、商品、サービスなどの評判をつかむため、自らの足で周辺情報を調べて決断するのだ。その結果、株価が下がり続けていても、商品などの評判（業績）がよければ、「断固買い！」となる。

◆海外進出に拍車がかかる顧客満足度の高い外食企業

定点観測（周辺情報を重視）という観点では、**ゼンショーホールディングス（7550）**、**物語コーポレーション（3097）**、**トリドールホールディングス（3397）**の3銘柄を取り上げてみたい。これらはいずれも「外食・娯楽サービス」の業種に入るが、イチ押し銘柄はゼンショーホールディングスとした。インバウンド関連でもある。

物語コーポレーションは「焼肉きんぐ」「丸源ラーメン」などを展開、社員教育に力を入れており、サービス面での評判がよい。本社は愛知県豊橋市にあり、中部地方を地盤とするが、2023年6月末現在、店舗数は国内644、海外21まで増やしている。好調な業績（2023年6月期の純利益は前期比25・9％増）を背景に、株価は高値を更新している。

トリドールホールディングスは、人気の讃岐うどん専門店「丸亀製麺」を主力とする。2006年に株式を上場、現在は東証プライム上場銘柄である。揚げたて天ぷらの「まきの」、トンカツの「とん一」なども伸びている。海外にも注力しており、2026年3月期の店舗数を2800、純利益91億円とする計画を立てている。株価も上昇トレンド継続中である。

投資戦術②のイチ押し銘柄

ゼンショーホールディングス（7550）

◆「フード業世界一」に向かって躍進する外食のトップ企業

外食のリーディングカンパニーとして、存在感を高めている。傘下には牛丼首位の「すき家」をはじめ、ファミレスの「ココス」、回転寿司の「はま寿司」、和食の「華屋与兵衛」などがある。国内も伸びているが、グローバル展開を積極的に進めており、海外店舗1万店計画を推進している。目標として掲げてきた「フード業世界一」は、すでに具体化する段階に入っている。

業績は絶好調だ。株価もそれを素直に反映している。筆者は「ココス」「はま寿司」などによく行くが、いつも満員の盛況だ。同社は1982年の創業以来、「世界から飢餓と貧困を撲滅すること」を経営理念に掲げている。この点、世界的な慈善家としても知られるバフェット氏好みの銘柄だといえる。

◉ゼンショーホールディングス（7550）の週足

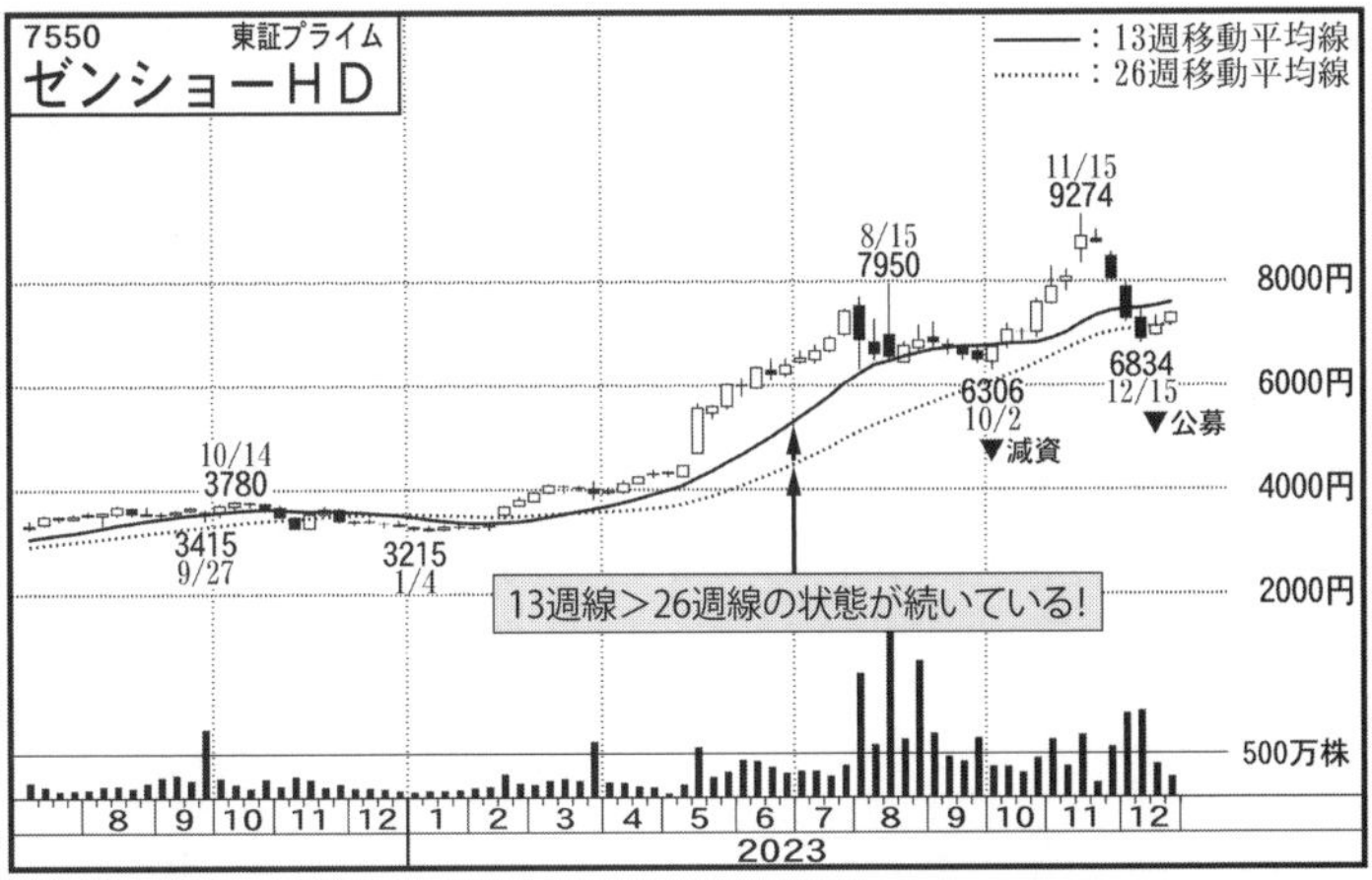

◉食でつながるゼンショーグループ

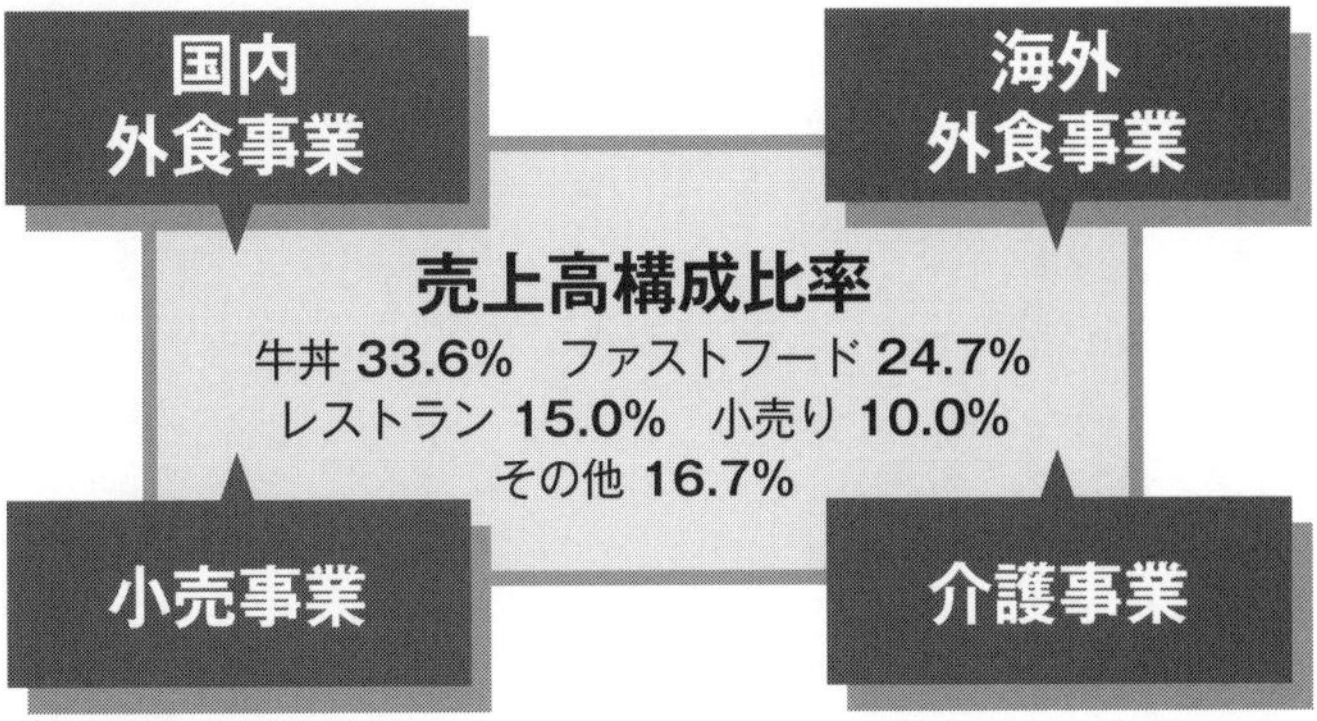

※社名には全部勝つという「全勝」、善なる商売という「善商」、禅の心で行なうという「禅商」の3つの意味が込められている。

業績	純利益（億円）	配当（円）
2023.3	132.65	24.0
2024.3（予）	300.00	50.0

バフェット流投資戦術③

グロース（成長性）とバリュー（安定性）

◆大切なことは企業の本質的な価値を知っておくこと

バフェット氏は自身の講演、インタビュー、著書などを通して、企業のグロース（成長性）とバリュー（安定性）の大切さを述べている。すなわち、これは企業の本質的な価値を知ることの重要さを意味する。得てして、株式投資で失敗する人の多くは、株価だけを見て取引する。

そのような人たちは日々、株価の上げ下げに一喜一憂し、それに翻弄《ほんろう》されてしまう。その結果、企業の本質的な価値より随分高いところを買わされてしまったり、異常安となったところで投げ売りを出してしまう。前者は「高値づかみ」、後者は「パニック売り」ともいわれるが、これらは株式投資で最も避けるべき行動パターンである。なお、バフェット氏は投資を行なう際、「営業利益率」（いわゆる、稼ぐ力）を重視するといわれている。

◆成長力と海外売上高比率の高さが魅力の半導体関連

グロースとバリューという視点では、**アドバンテスト（6857）**、**ディスコ（6146）**、**サンケン電気（6707）**に注目している。イチ押し銘柄はアドバンテストとしたが、この3銘柄はいずれも半導体関連の有力企業であり、海外売上高比率が非常に高い。もちろん、グロース投資向きの成長性にも期待できる。

ディスコは、半導体切断・研磨装置では世界トップシェアを誇る。生成AI（人工知能）向け半導体製造に不可欠な装置も手がけており、今後この分野の成長拡大が望める。株価は足元の減益予想で下げているが、本質的な価値に変化はない。2024年には回復するだろう。

サンケン電気は、パワー半導体の大手で、EV（電気自動車）向けにパワーモジュールを手がけている。パワー半導体は電力の変換、モーターを制御するときなどに必要となるもので、高い成長が見込まれている。この分野は、日本勢が優位性を保っている。業績も増益が見込まれている（2024年3月期の営業利益は前期比13%増）。株価は7000円台まで反落しているが、押し目買いが奏功しそうだ。2024年には反発すると思う。

投資戦術③のイチ押し銘柄

アドバンテスト（6857）

◆営業利益率の続伸が成長を物語る半導体検査装置の世界的企業

半導体検査装置の世界的企業である。海外売上高比率は96％に達している。セグメント別の売上高は「半導体・部品システム事業」が約7割を占め、「メカトロニクス関連事業」と「サービス事業」が残りの3割という構成だが、最近はチャットGPT向けの半導体テスターが急成長している。

同社の売上高は2021年3月期以降増収を続け、営業利益率も2020年3月期の21・3％を底にアップしている。また、バフェット氏が重視するといわれるROE（自己資本利益率）は、EPS（1株利益）とともに上昇を続けている。

株価も勢いづいており、2022年10月の安値1650円が2023年7月には5593円まで駆け上がった。エヌビディアのGPU用テスターは、独占的な商品である。

◉アドバンテスト(6857)の週足

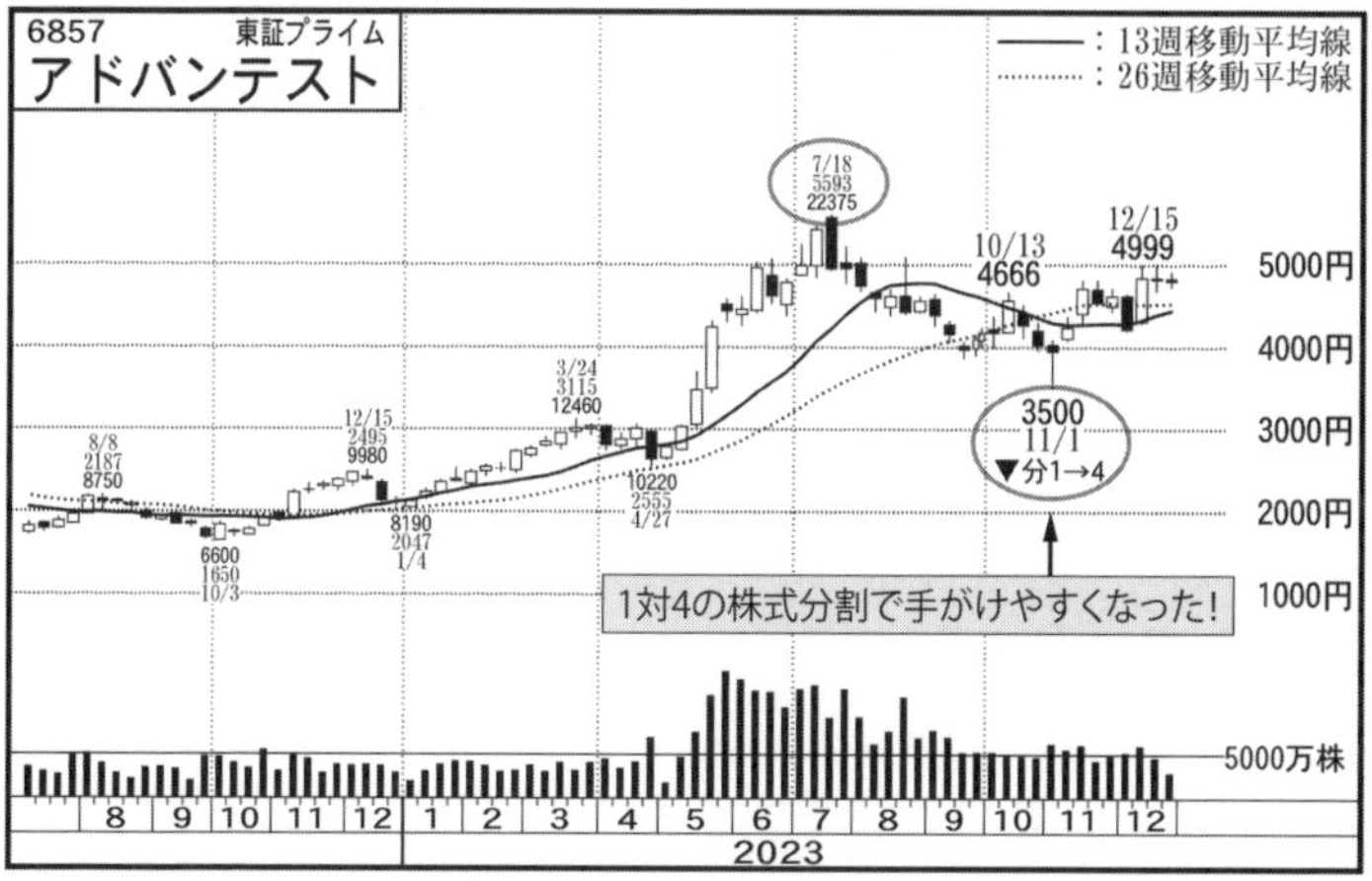

◉アドバンテストのROEとEPSの推移

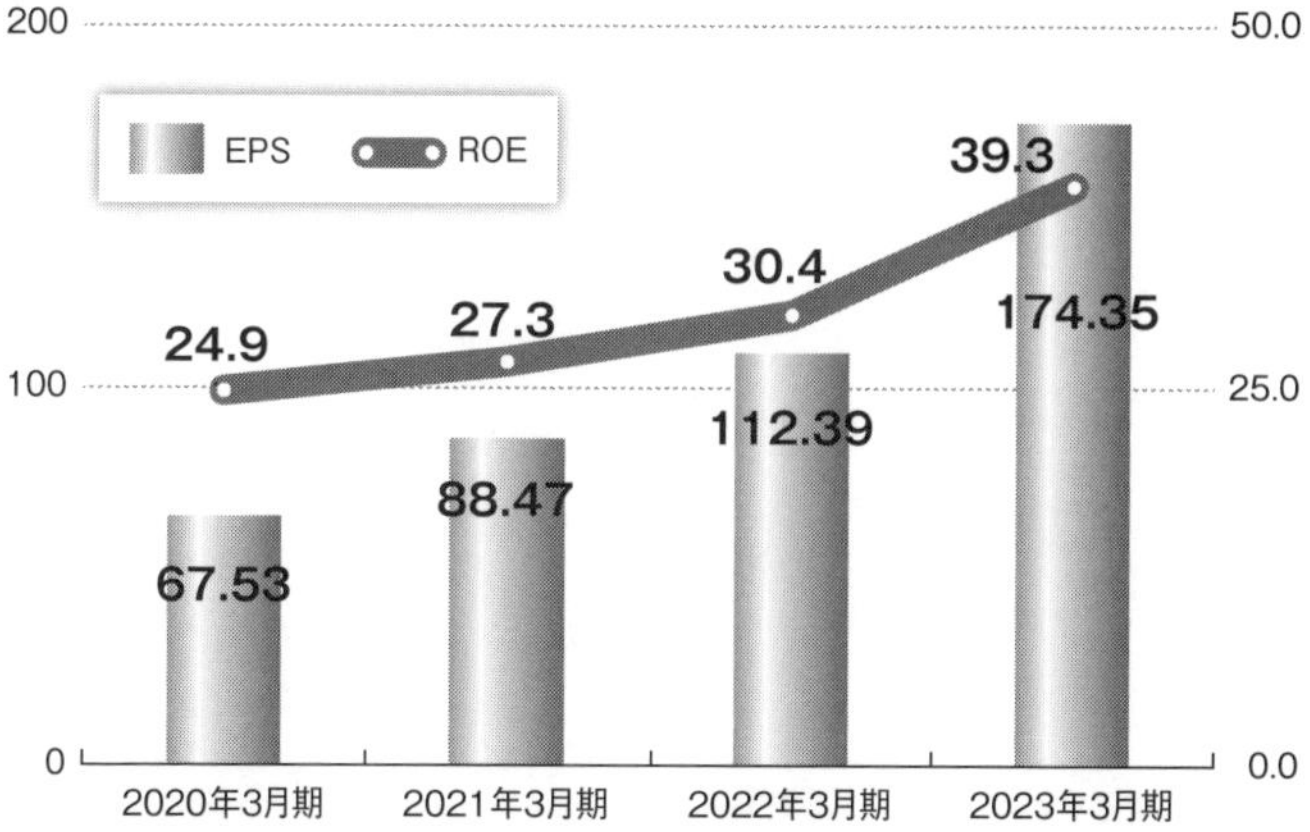

業績	純利益(億円)	配当(円)
2023.3	1,304	33.75
2024.3(予)	600	未定

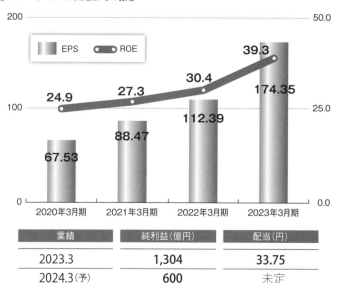

バフェット流投資戦術④

基本は逆張り（安いところを買う）

◆投資に資する優良株の安値買いで大富豪になったバフェット氏

バフェット氏は投資家として大成功し、世界的な大富豪になったが、その投資手法は「逆張り」が基本とされる。逆張りは、相場の流れに沿って株式を買う「順張り」の反対であり、株価が安くなったところを買うやり方である。ただ、逆張りはトレンドの流れに逆らって投資するため、順張りよりリスクが高くなる。株価が下落したところで買っても、さらに値下がりすれば損失が拡大してしまうからだ。しかし、買ったあと株価が上昇に転じ、一段高となれば当然、リターンは順張りより多くなる。

逆張り投資を成功させるカギは、前項で述べたように企業の本質的な価値を知ることにある。バフェット氏が安値圏に放置されていた5大商社株を、なぜ大量に買えたのか。答えはその点にある、と筆者は思う。

◆将来性のある事業を手がける小粒な出遅れ銘柄

優良株の安いところを買うという逆張りの観点では、**オプトラン（6235）**、**ウイングアーク1st（4432）**、**さくらインターネット（3778）**をピックアップした。この3銘柄は、いずれも時価総額こそまだ小さいが、事業内容がよく、将来的な成長が見込める銘柄である。このなかで光学技術に強みを持つオプトランをイチ押し銘柄とした。アップルの新型iPhoneSE向けなどの需要増が期待できる。

ウイングアーク1stは、帳票・文書管理ソフト、企業内データ活用サービスを手がけている。このうち、帳票・文書管理ソフトの累積導入企業数は3万2900社以上で、国内シェアトップである。地方自治体向けDXなどにも強い。業績は堅調。2024年2月期の純利益は、前期比4・5%増の46億円が見込まれているが、株価はまだ2900円台だ。インボイス関連である。

さくらインターネットは、データセンター事業、インターネット事業を手がけている。政府共通のクラウドサービス環境である、ガバメント・クラウド国産化の第一号企業となった。筆頭株主は**双日（2768）**だ。発行済み株式の28・1%を保有している。株価は2023年12月7日に2353円の高値をつけ、人気を集めている。

投資戦術④の
イチ押し銘柄

オプトラン（6235）

◆光学装置の需要拡大を背景に業績好調も株価は下値圏

同社は1999年の創業以来、光学薄膜装置の総合メーカーとして、製品販売およびアフターサービスを続けてきた。中国出身の現経営陣（社長ほか4人がすべて日本に帰化）が異国の地で創業した企業である。社名に使われているオプトには、光学という意味が含まれている。ハイテク化が進行する時代とともに、同社の装置は光学分野だけでなく、半導体融合分野、電子デバイス分野へと用途が広がってきた。今後は、オプトロニクス（光電子）分野に挑戦することで、スマート社会の発展に貢献できる。

足元の業績は、2023年12月期の売上高が前期比3・5％増、営業利益が同15・5％増の86億円と予想されている。純利益は10％減益見込みだが、株価はボックス圏の下限にあり、時価は2022年高値の41％安水準にある。

◉オプトラン（6235）の週足

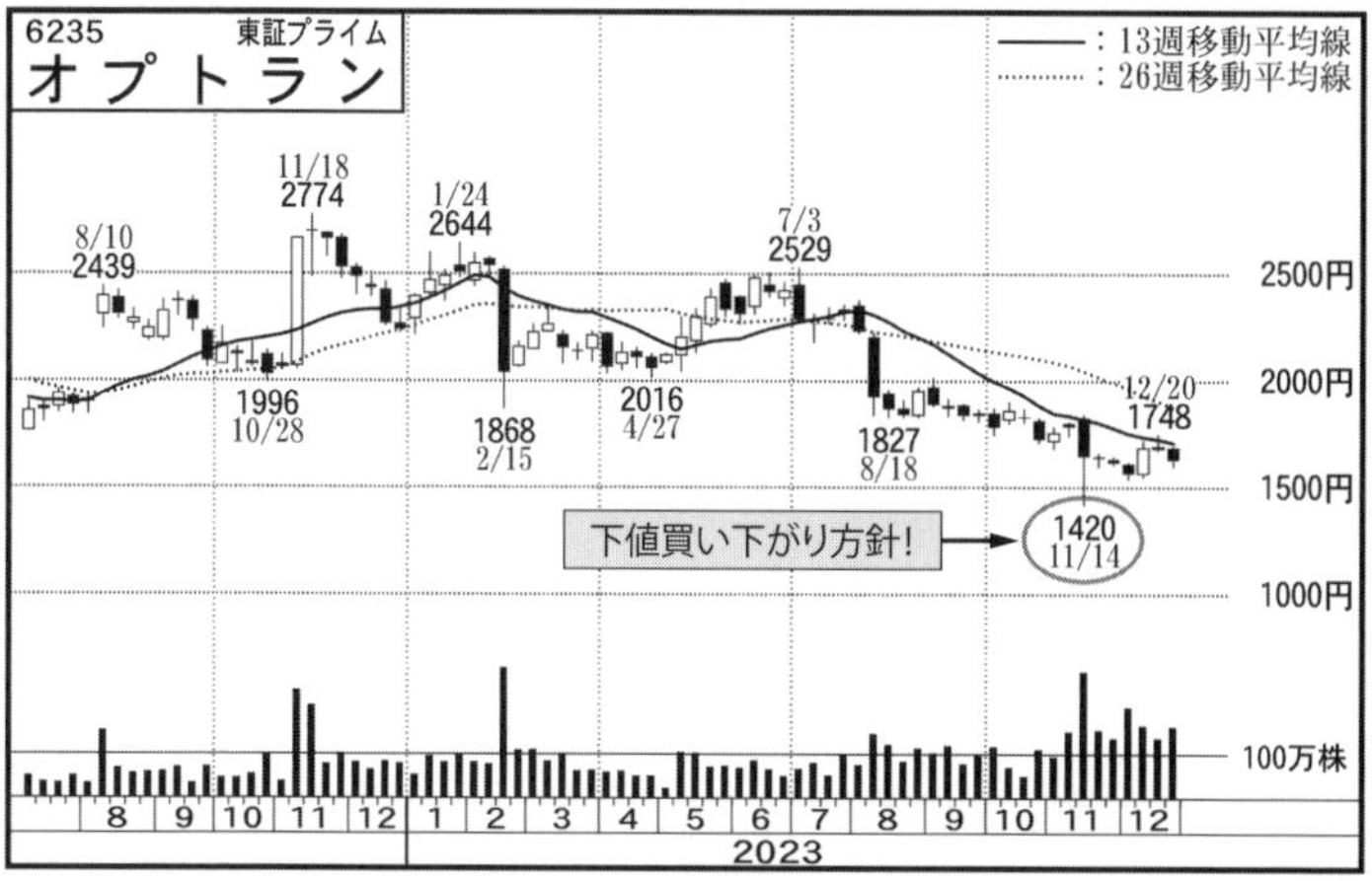

◉急成長が見込める光学薄膜装置市場

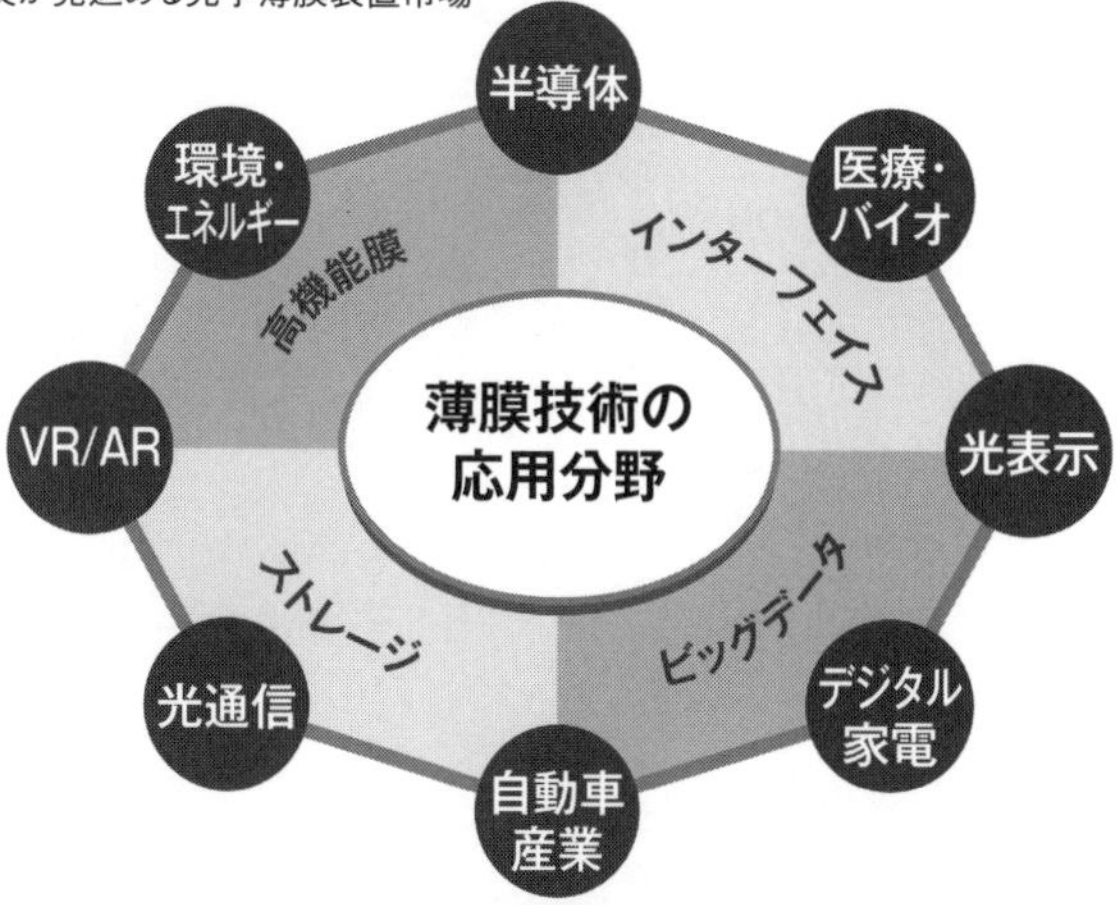

業績	純利益（億円）	配当（円）
2022.12	68.89	50.0
2023.12（予）	62.00	50.0

バフェット流投資戦術⑤

経営者の力量と経営姿勢

◆経営者に求められる「利益を生み出す力」と「株主を大切にする姿勢」

バフェット流投資の根幹は、持続的な競争力を有する企業を見出し、できるだけ割安な価格で株式を取得する点にある。そして、投資対象とした企業の状況を常にチェック(定点観測)し、問題がなければ長期間保有して巨額なリターンの獲得をはかる。

長期保有のカギを握るのは持続的な競争力、すなわち永続的に利益を生み出す力である。これを可能とするには、経営者に相応の力量と株主(投資家)を大切にする姿勢がなければならない。バフェット氏は、講演などで経営者の力量を見極めるポイントをいくつか挙げているが、自分の目で確かめることを流儀としているようだ。実際、先ほども触れたが、2023年の春に訪日した際、伊藤忠商事を皮切りに出資先の商社経営陣と相次いで会談している。

◆カリスマ性にあふれたトップが世界一を目指す企業

経営者の力量と経営姿勢というカテゴリーでは現状、ソフトバンクグループ（9984）、ニデック（6594）、ファーストリテイリング（9983）の3社が抜きん出ていると思う。イチ押し銘柄としたソフトバンクグループのトップは、同社の筆頭株主でもある孫正義《そんまさよし》氏（会長兼社長）が精力的に陣頭指揮を執っている。

そして、旧日本電産のニデックのトップは、最高経営責任者を務める永守重信《ながもりしげのぶ》会長である。「太陽よりも熱い男」といわれる永守会長は、1973年、「世界一になる！」という目標を掲げて同社を設立した。これまで「世界初」「世界最小」といった独自の製品を次々に世に送り出し、最近はEV（電気自動車）に不可欠となるイーアクスルの大手企業として期待されている。目指す姿は、「100年を超えて成長し続けるグローバル企業」である。

ファーストリテイリングのトップ、柳井正《やないただし》会長兼社長は、成熟産業だった衣服小売りを成長産業に育てた立役者だ。山口県の一個人商店を、アパレル世界3位の巨大企業に育て上げた力量は高く評価されてよい。10年後、アパレル首位（売上高10兆円）となる目標を掲げており、株価も高値を更新している。

投資戦術⑤の
イチ押し銘柄

ソフトバンクグループ（9984）

◆NAV（時価純資産）を経営の最重要指標に掲げる巨大投資会社

傘下に携帯大手のソフトバンク（9434）、ベンチャー投資のビジョンファンドなどがある。2023年3月期時点で子会社1280社、関連会社573社、共同支配企業38社を有し、従業員は6万3000名以上（連結ベース）という巨大企業グループである。2023年9月には、子会社の世界的な半導体設計企業、アームホールディングス（ARM）がアメリカのナスダック市場に上場した。人気を集めている。

同社は、「情報革命で人々を幸せに」という経営理念のもと企業価値の増大を目指しており、NAV（ネット・アセット・バリュー＝時価純資産）を経営の最重要指標とする。公表されている1株当たりNAVは1万1196円（2023年9月30日時点）だが、直近株価はそれを4000円以上下回っている。株価はジリ高となろう。

◉ソフトバンクグループ(9984)の週足

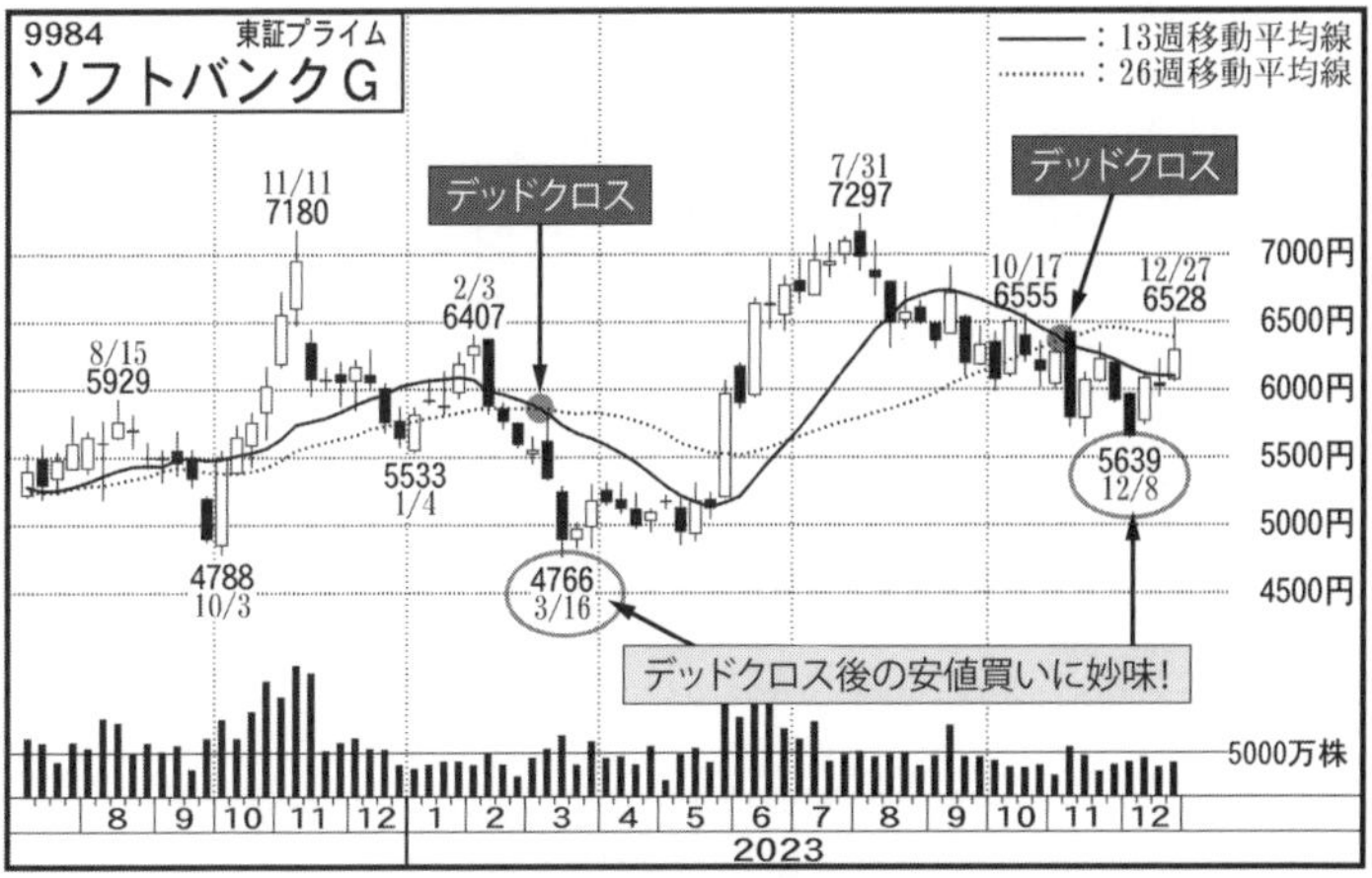

◉ソフトバンクグループの主要事業

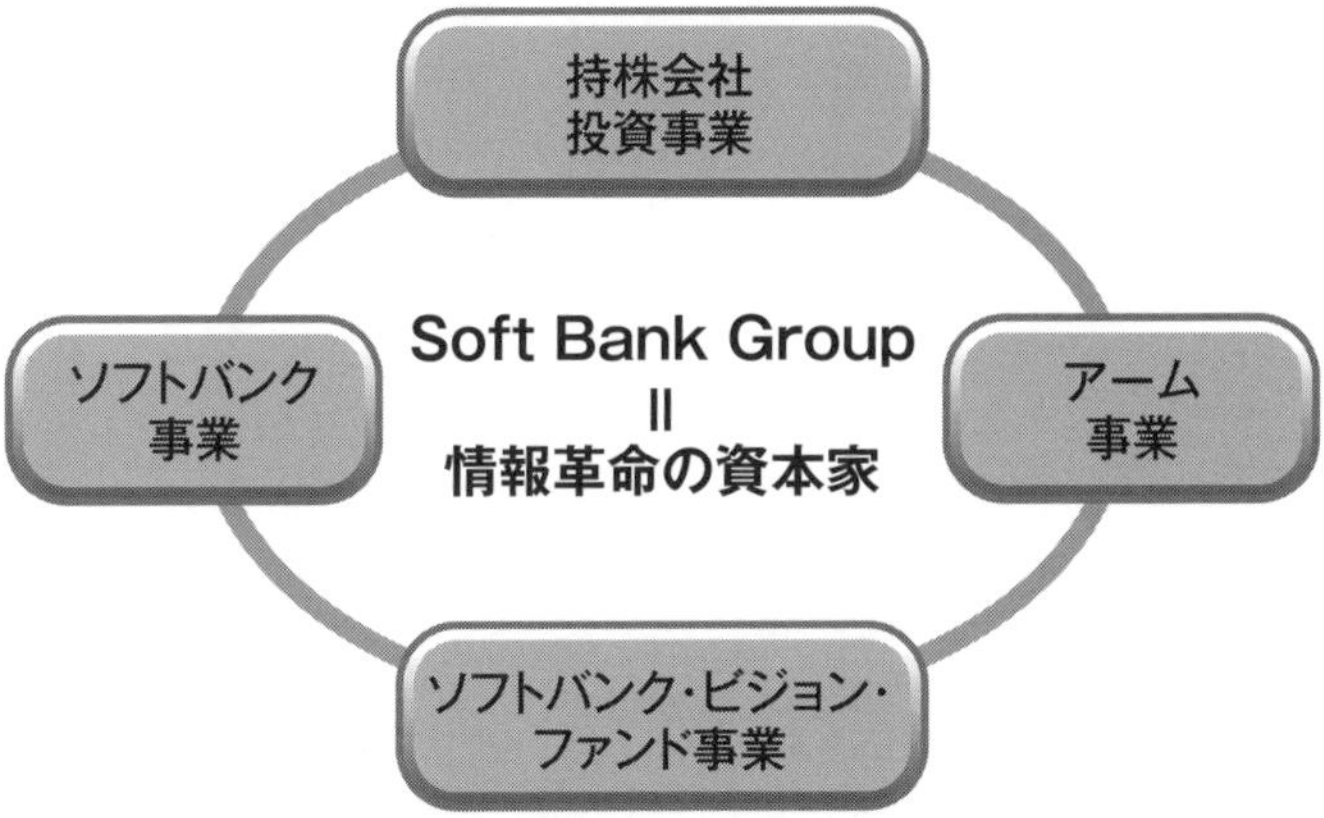

NAV(時価純資産)の計算式

保有株式 − 純負債 ＝ NAV

(18.35兆円)　(1.94兆円)　(16.41兆円)

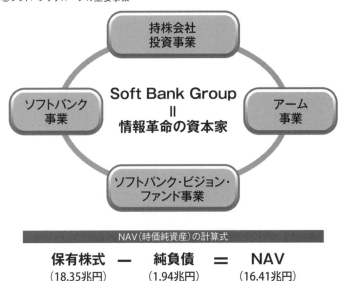

バフェット流投資戦術⑥

配当（インカムゲイン）

◆安定的に配当が増えることを重視するバフェット氏

バフェット氏は投資企業の判断材料として、配当（インカムゲイン）を重視していることでも知られている。配当は、自社株買いとともに株主還元の柱だが、合理的な資金配分を行なうためには、配当を安定的に増やしていくことが必要となる。

２０２０年８月当時の５大商社各社の年間配当利回り（前期実績ベース）を調べてみると、①伊藤忠商事が３・１％（年間配当85円÷２７２３・５円×１００％）、②丸紅５・５％（同35円÷６３９・６円×１００％）、③三井物産４・２％（同80円÷１９１４・０円×１００％）、④住友商事５・８％（同80円÷１３７４・５円×１００％）、⑤三菱商事５・３％（同44円÷８３７・５円×１００％）と総じて高かった。その後も各社は増配を続けている。まさに、バフェット氏好みの投資対象銘柄である。

◆好業績を背景に増配が続く安定性抜群の中堅企業

減配することなく、着実に配当を増額しているという視点では、**ジェイリース（7187）**、**東京産業（8070）**、**インテリジェントウェイブ（4847）**の3銘柄を取り上げてみたい。このうち、時代背景を追い風に成長が見込める家賃保証大手のジェイリースをイチ押し銘柄とする。

東京産業は、2027年に創立80周年を迎える機械の総合商社である。**三菱重工業（7011）**が発行済み株式の14・8％（2023年3月末）を保有し、同社製品の販売、関連工事を事業の柱とする。業績は絶好調。2024年3月期の純利益は、前期比5・1倍の24億円が見込まれており、配当は6円増の36円とする。直近値849円の予想配当利回りは4・2％になる。

インテリジェントウェイブは、金融機関向けシステム開発、証券会社向け事業、情報セキュリティ事業などを手がけている。**大日本印刷（7912）**の子会社だ。同社が発行済み株式の50・6％を保有している。最高益の更新が続いており、2024年6月期は前期比2倍の40円配（記念配当含む）、時価の予想配当利回りは4％近辺である。会社側は株価を強く意識している。

投資戦術⑥の
イチ押し銘柄

ジェイリース（7187）

◆引き合い増の家賃保証に加え新規事業にも参入、大幅増配続く

２００４年に設立された同社は、現在、東証プライム市場に上場している。主力の家賃保証は、入居者の高齢化、単身世帯増、外国人の急増によって引き合いが増加傾向にある。新しい取り組みとしては、病院向け医療費保証に加え、養育費保証事業にも参入した。業績は最高益を更新した前期に続き、２０２４年３月期も13・７％増収、純利益は３・８％増の17億３０００万円が見込まれている。

配当は２０２１年３月期の５円が40円→60円と増額され、２０２４年３月期は80円が有望視されている。したがって、直近株価２１３３円の予想配当利回りは３・８％となる。株価は２０２２年11月に３１９０円まで買われており、上値余地は大きい。機関投資家は、新しい成長企業として注力の構えである。

◉ジェイリース（7187）の週足

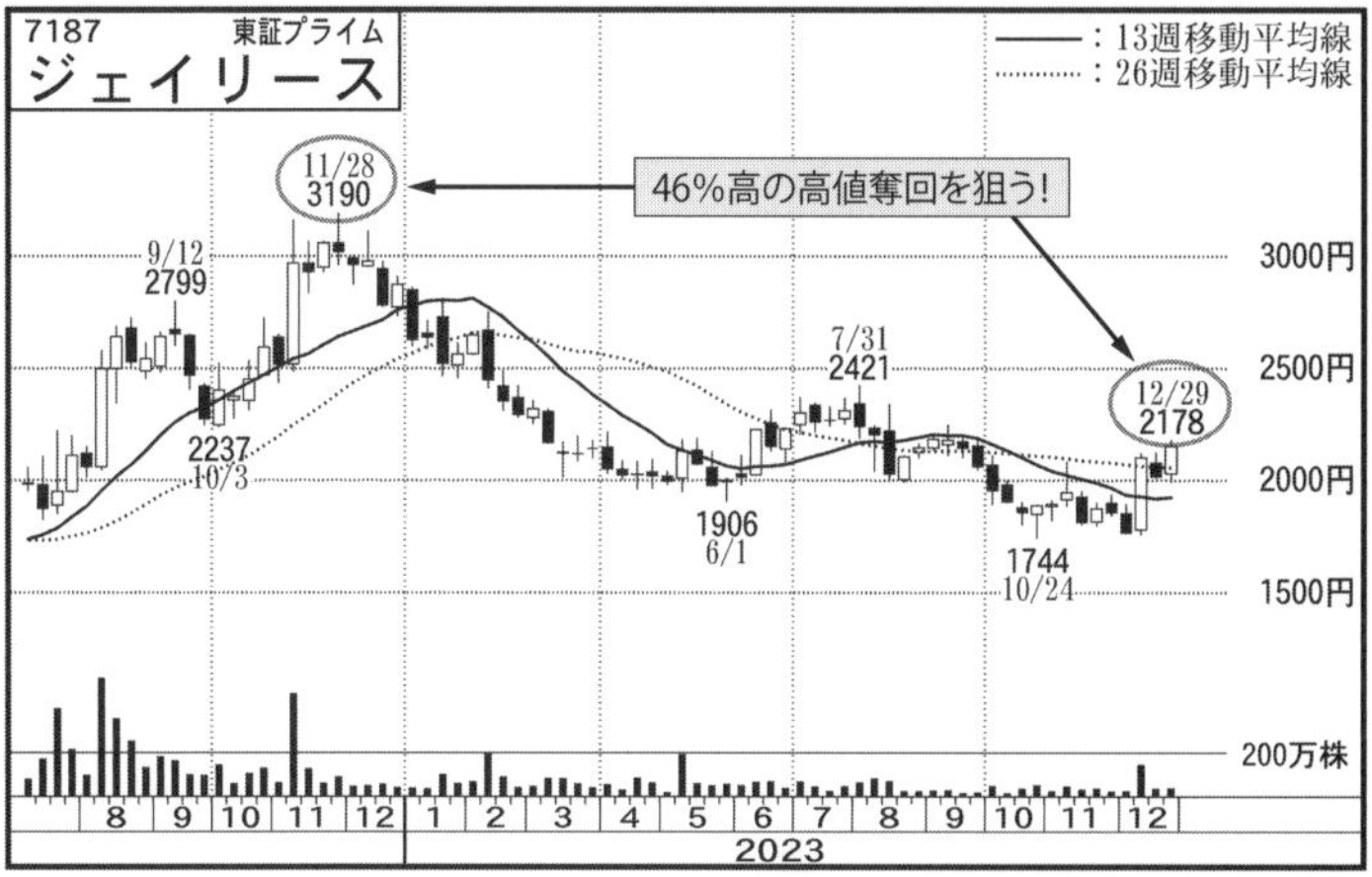

◉売上高構成比率と住居用賃料保証の推移

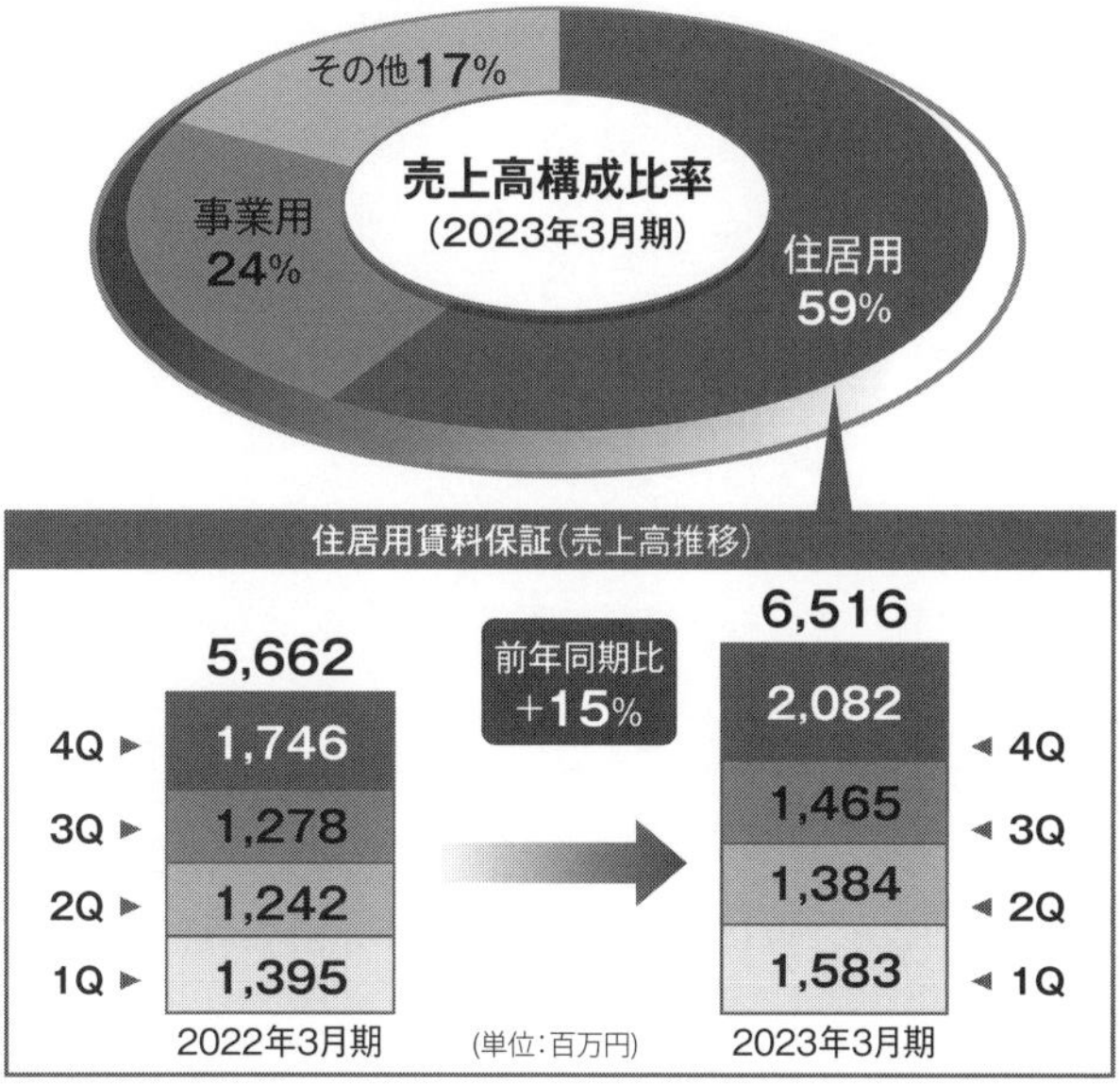

バフェット流投資戦術⑦

人道的配慮（ウクライナ復興）

◆ケタ違いの慈善活動家が希求する平和と環境保全

バフェット氏は2023年6月、バークシャー・ハザウェイの株式について、50億ドル（1ドル145円換算で7250億円）相当を慈善団体に寄付したと伝えられた。もちろん、寄付はこれが初めてのことではない。バフェット氏は巨万の富を得た投資家であると同時に、伝説的な慈善活動家でもある。これまでに寄付した総額は1320億ドル（19兆1400億円）との報道もある。

それはともかく、バフェット氏が多くの人に尊敬されるのは、人道的配慮を重視するヒューマニストであり、平和主義者でもあるからだと思う。自然環境を破壊しない活動を企業に求めているバフェット氏は、おそらく戦争による人的被害、環境破壊を忌み嫌っているはずである。

◆がれき処理など復興に不可欠な世界的企業

人道的配慮という観点では、ウクライナの復興を避けて通れないだろう。２０２２年2月24日、ロシアはウクライナに軍事侵攻を開始した。ロシアは特別軍事作戦といっているが、この侵略戦争は両国に多くの犠牲者を出しながら激しい戦闘が続いている。

しかし、どのような戦争もいつかは終わる。そして終戦後は、かつての日本がそうであったように「復興」がテーマとなる。このカテゴリーとしては、**コマツ（６３０１）**、**日立建機（６３０５）**、**クボタ（６３２６）**を選んだ。イチ押し銘柄は、建設機械の世界的メーカーのコマツである。

日立建機もがれき処理に不可欠な建機メーカーであり、そのスケールはコマツに次いでいる。経営的には日立グループを離れ、独自路線を推進している。業績面では収益構造安定化のため、中古車、部品再生などに注力するという。株価は強含んでおり、２０１８年１月の高値４９３５円が当面の目標となろう。

クボタは上下水道、農機などを手がけ、復興に不可欠の存在だ。食料・水・環境を支える世界的企業といっても過言ではなく、その人道的な事業展開は、まさにバフェット氏好みだろう。業績も増収増益が続いており、株価も長期的な妙味が大きいと思う。

投資戦術⑦の
イチ押し銘柄

コマツ（6301）

◆海外比率高く円安も追い風、最高益更新続く好配当銘柄

主力の建設機械は世界第2位のスケールを誇る。鉱山機械の引き合いが好調だ。業績的には海外売上高比率が88％に達しているだけに、1ドル＝145円近辺の円安は追い風となる。2024年度を最終とする新中期経営計画では、①イノベーション（技術革新）による成長の加速、②稼ぐ力の最大化、③レジリエント（柔軟）な企業体質の構築を掲げている。

2021年3月期以降、増収増益が続いている。2024年3月期の純利益は3400億円予想だが、もちろんこれは最高益更新である。配当も5円増額の144円とする。直近株価の3688円は、前期配当139円に当てはめても利回りは3・8％になる。3年あれば、高値4511円抜け後の大相場が期待できると思う。

◉コマツ（6301）の週足

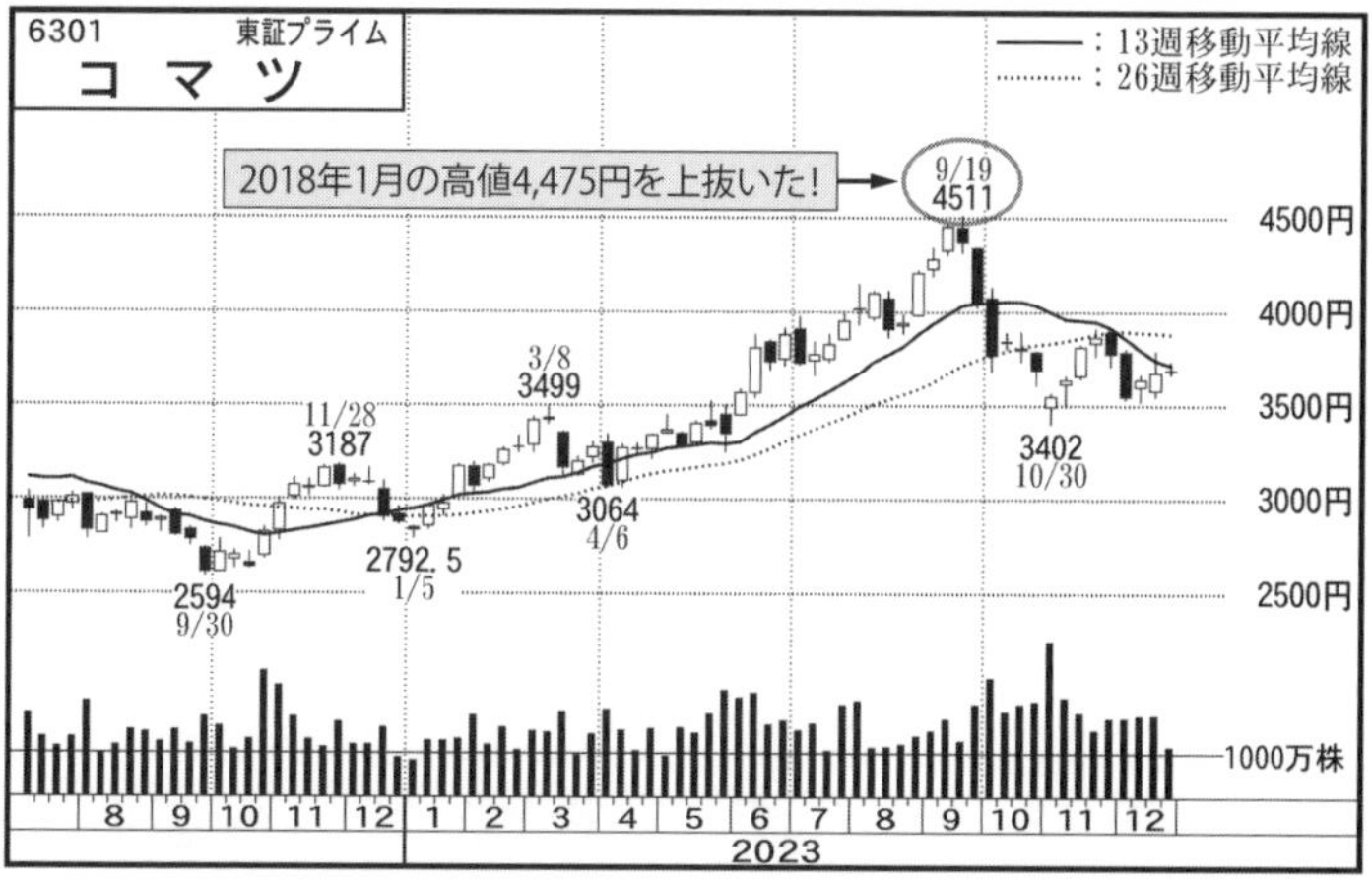

◉新中期経営計画による成長戦略の3本柱

成長戦略 ▶「ダントツバリュー」の創出

価値創造

① イノベーションによる成長の加速

・カーボンニュートラルに向けた価値づくりの挑戦など

コア事業

② 稼ぐ力の最大化

・成長市場におけるプレゼンスの拡大など

経営基盤

③ レジリエントな企業体質の構築

・多様性に富む人材基盤の充実化など

業績	純利益（億円）	配当（円）
2023.3	3,263.98	139.0
2024.3（予）	3,400.00	144.0

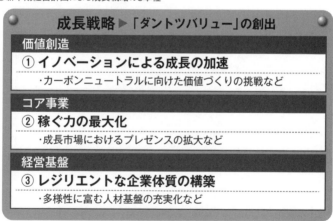

バフェット流投資戦術⑧

社会性（公共性）

◆**永続的に存続し、社会生活に不可欠な企業に集中投資**

先にも述べたように、バフェット氏は社会性（公共性）があり、永続的に存続し得る優良企業に巨額の資金を投入している。社会性とは、辞書などによれば「社会生活をするのに必要な性質」、「広く社会に通用するような性質」である。

確かに、バークシャー・ハザウェイのポートフォリオ上位銘柄（99ページの表参照）を見ると、いずれも社会生活になくてはならない企業といえる。もちろん、それらは経営が安定しているため長期投資に向く。

日本株についても、社会性、社会生活をキーワードにすれば、それにふさわしい銘柄を発掘できると思う。アプローチの仕方とすれば、永続的な需要が見込める事業に取り組んでいる会社に注目すべきだろう。

◆人々の生活に必要な長期投資向きの銘柄を選別

社会性（公共性）という視点では、**東日本旅客鉄道（9020）、グローリー（6457）、AGC（5201）**を選んでみた。このうち、東日本旅客鉄道をイチ押し銘柄とした。東日本中心の鉄道、新幹線、流通事業などを運営している。鉄道は社会生活の重要インフラであり、人々の生活になくてはならないものだ。この点、分かりやすい銘柄である。

グローリーは１９１８（大正７）年に誕生した「創業１００年以上企業」であり、貨幣処理機を事業の柱とする。同社の製品は金融機関だけにとどまらず、流通、交通、飲食など幅広い分野で必要とされる。２０２４年７月には新紙幣が登場し、特需が発生しよう。業績は、２０２４年3月期の純利益が２４５億円の黒字転換と一変する。しかし、株価に過熱感はまったくない。ジリ高となろう。

ＡＧＣは旧旭硝子である。ディスプレー、建築、自動車用ガラスでは世界トップ級のシェアを誇る。海外売上高比率は70％に達する。医薬品、アンモニア燃料、全個体電池（原料供給）などハイテク分野に注力、その技術力は高い評価を受けている。業績は好調だ。２１０円配当を継続しており、２０２４年12月期は増配の可能性がある。

投資戦術⑧の
イチ押し銘柄

東日本旅客鉄道（9020）

◆生活サービス事業が伸びる成長株、インバウンドも業績を後押し

東日本を営業エリアに69線区と1681の駅を有し、1日当たり約1459万人の乗客を輸送する。国内鉄道の最大手であり、手がける事業はホームページによると29もある。このため、運輸部門の売上高構成比率は、全体の67%にとどまる。近年は不動産・ホテル部門（売上高構成比率16%）、流通・サービス部門（同14%）などの「生活ソリューション事業」が伸びており、次表の数値目標にもあるとおり成長性も感じられる。

もちろん、企業の社会性、安定性は抜群であり、長期スタンスの株式貯蓄には最適だろう。業績はコロナ禍の巨額損失を克服し、健全な姿に戻りつつある。2024年3月期の純利益は、インバウンド効果も加わり前期比38・1%増の1370億円が見込まれている。株価にもうねりが出てきた。リオープン（経済再開）の本命的な存在である。

◉東日本旅客鉄道（9020）の週足

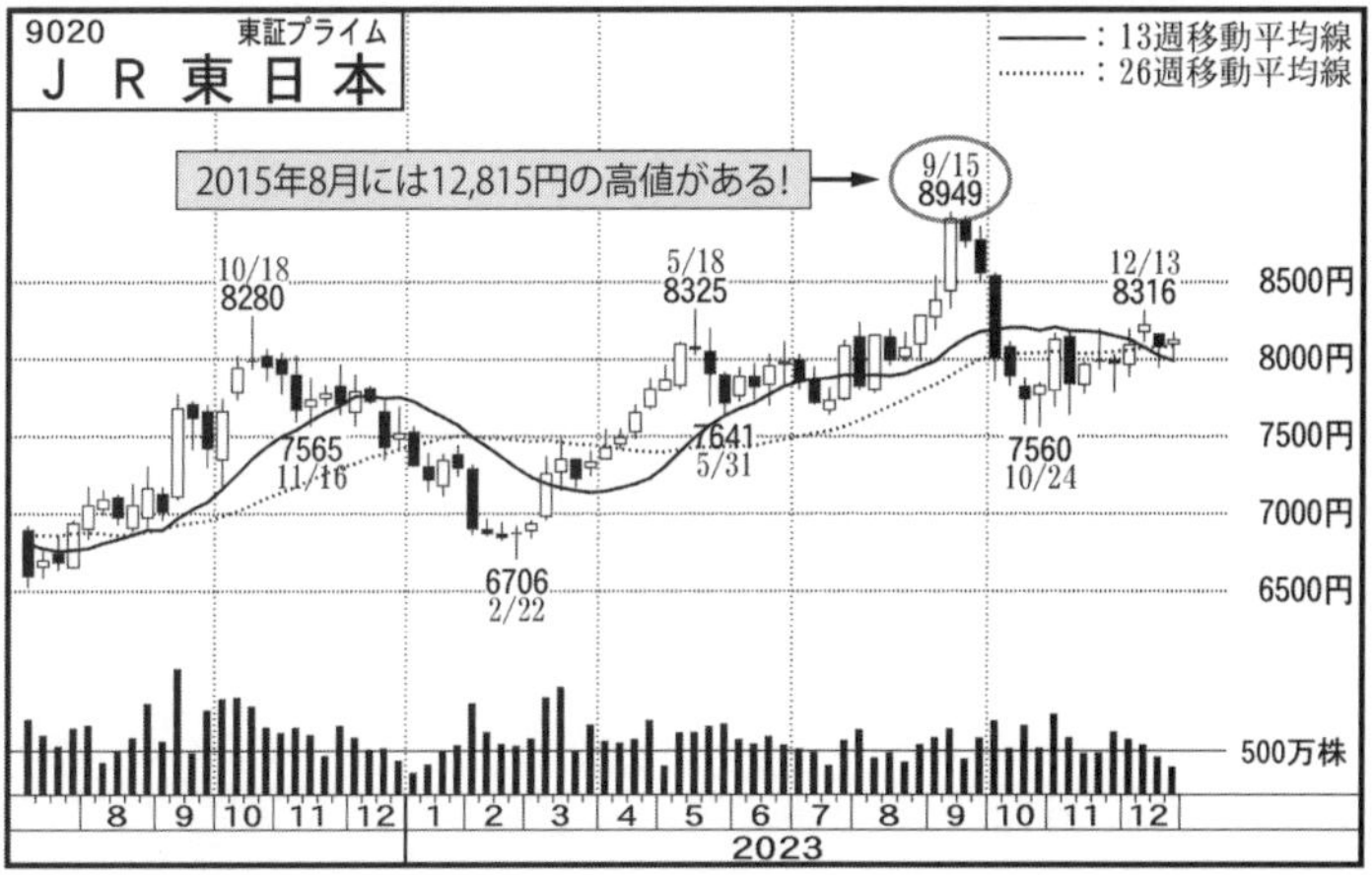

◉経営ビジョン「変革2027」の数値目標

		2023年3月期 実績	2028年3月期 数値目標
営業収益		2兆4,055億円	3兆2,760億円
営業利益		1,406億円	4,100億円
モビリティ	運輸事業	▲240億円	1,780億円
生活 ソリューション	流通・サービス事業	352億円	800億円
	不動産・ホテル事業	1,115億円	1,240億円
	その他	172億円	300億円
ROA（総資本利益率）		1.5%	4.0%程度

（注）▲は赤字

コラム……03

GARPという投資スタイル

（成長株を安いときに買う！）

日経平均株価は2023年9月15日の3万3,634円を戻り高値に、10月4日には3万487円まで急落した。下落幅は3,147円、下落率は9.4%だ。ショック安に近い。材料的には需給関係が“主”である。だからこそ、「波乱はチャンス」と主張している。

投資スタイルにはIPO（新規上場株）を中心に成長株にマトを絞る、好配当銘柄（配当貴族）を狙う、テクニカル（チャート）を重視する、などいろいろな手法があると思う。その1つがGARP（Growth At Reasonable Price＝ガープ）だろう。

要するに、これは成長株を安く買うということだ。2023年の10月4日のようなときが、そのタイミングとなる。

具体的には、好業績の**ダイコク電機**（**6430**）、**ゲームカード・ジョイコホールディングス**（**6249**）、**パルグループホールディングス**（**2726**）、**ユークス**（**4334**）、**アイホン**（**6718**）など。

ゲームカード・ジョイコホールディングスは、遊技機用プリペイドカードシステムの大手だ。ワラントがらみのカラ売りは一巡したと思う。

パルグループホールディングスは、若者に人気の「3コインズ」などを展開する。これが業績を後押しする。ユークスは、パチンコ・パチスロソフトの受託が好調。アイホンは主力のインターホンが海外でも伸びている。

さらに、テーマ性内包の**ユーピーアール**（**7065**）、**大栄環境**（**9336**）なども注目できる。パレットレンタルを主業務とするユーピーアールは、「物流の2024年問題」の本命的な存在である。

〈第4章〉

有望テーマと大化け候補株！

2024年以降大活躍が見込まれる
5つのテーマと関連銘柄を
独自の目線でピックアップ

株価大幅上昇の可能性を秘めるテーマ株
足元の業績よりも将来性の有無がポイント

◆物色の対象となるのは時流に乗ったテーマ性を内包する妙味株

この章では、2024年以降3年間に大活躍が見込まれる有望テーマと関連銘柄について考えてみたい。株式投資では、時流に乗ったテーマが物色の対象となり、その関連銘柄が発掘、ハヤされて大相場を展開する。

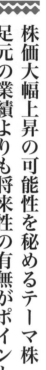

テーマ株の場合、足元の業績動向よりも将来性を先物買いされる傾向が強い。もちろん、将来性が評価されて人気化するだけに、それが剥落《はくらく》したときは買い手の逃げ足も速い。また、ネームバリューの乏しい会社も多いが、有望テーマを内包する銘柄には「夢とロマン」がある。

2024～2026年まで3年間を見通したとき、有望と思われるのはまず、企業価値の向上とともに株価上昇が期待できる「不動産セクター」を指摘できる。次は、「ギガキャストとイーアクスル、ＥＶ用全個体電池」である。これはＥＶ生産（日本復活）の切り札とされる。

３番目は人手不足解消のカギを握る「省人化関連」、４番目は経済安全保障の観点においても期待される「半導体セクター」、そして５番目は、もはや無関心ではいられなくなった「国防関連」である。

これらについては次ページ以降、その理由と背景、株価大幅上昇が期待できる特注銘柄を解説する。もちろん、この５つ以外にも有望なテーマと大化け候補銘柄はたくさんある。例えば、「都市鉱山セクター」では、パソコンなど電子機器の回収を主力とする**リネットジャパングループ（３５５６）**に注目できる。また、国策の「再生可能エネルギー関連」では、産業用太陽光発電所の開発などを行なう**ウエストホールディングス（１４０７）**に期待している。

「製造業の国内回帰、新工場の建設ラッシュ関連」も見逃せない。このテーマで恩恵を受けそうな銘柄には、ＩＴ人材派遣の**ジャパニアス（９５５８）**、物流サービスの**ユーピーアール（７０６５）**、北海道を拠点とする住宅会社の**土屋ホールディングス（１８４０）**などがある。

テーマ①

高まる不動産株の企業価値
国土評価額はピーク時の半値

◆インフレの定着で保有資産価値が上昇、累進配当政策も株価を後押し

国土交通省によると、2023年の基準地価は全用途の土地の上昇率が全国の44・7%となった。基準地価とは、その年の7月1日時点における基準値の1平方メートル当たりの価格を判定するものだが、住宅地では31年ぶりのプラスとなり、下落続きの地方圏もプラスに浮上した。「日本列島バーゲンセール」は修正されるだろう。

基準地価の回復は、コロナ禍を克服したことでインバウンドが増え、再開発なども追い風となったことによる。しかし、直近の国土評価額は1276兆円であり、これはピーク時（1990年）の2477兆円の51・5%にすぎない。これは是正される。

昨今の物価高が明示するように、2024年以降、日本にもインフレ経済が定着する可能性は極めて高い。そうなれば当然のごとく不動産価値が上昇し、多くの土地、物件

◉筆者が注目する主な不動産株

コード	銘柄	株価(円)	PBR(倍)	配当(円)
3003	ヒューリック	1,465.0	1.53	48.0
3231	野村不動産ホールディングス	3,666.0	0.94	130.0
3289	東急不動産ホールディングス	895.6	0.87	28.0
8801	三井不動産	3,422.0	1.05	70.0
8802	三菱地所	1,943.5	1.10	40.0
8803	平和不動産	3,755.0	1.08	116.0
8804	東京建物	2,079.5	0.91	73.0

(注) 掲載はコード順。PBR(株価純資産倍率)は2023年12月28日の株価(終値)に準ずる。
配当は今期予想

を保有する不動産株の企業価値は飛躍的に高まる。

不動産株を有望視するのは、保有資産の価値上昇期待だけではない。配当を減らさないという「累進配当」の方針を打ち出す企業が増えてきた点も評価できる。例えば、**住友不動産（８８３０）**は年７円の増配を続け、７年以内に年間配当を１００円にするとした。これは、２０２３年３月期実績52円のほぼ倍となる数字だ。大手不動産株の株価はおおむね堅調だが、ＰＢＲ（株価純資産倍率）１倍をクリアしていない企業もまだある。株価の上昇余地は大きいと判断する。

テーマの特注銘柄①

◎

三菱地所（8802）

超長期視点の積極経営で保有資産価値急拡大

◆出遅れ目立つ王道銘柄、インフレ定着を先取りする動きに期待

日本を代表する総合不動産大手の一角として、存在感を高めている。東京の丸の内など超長期視点（丸の内の再開発は50年プロジェクト）での街づくりを得意とする。また、常に時代を先取りする精神（DNA）により、日本初となるアウトレットモールの開発などにも挑戦している。

総資産は約7兆円であり、その保有資産価値はインフレ定着とともに上昇の一途をたどるだろう。2023年の株価は、年初の1706円が9月に2110円まで買われた（上昇率23・7%）。しかし、直近株価は保有資産価値に対して著しく割り負けている。2014年1月には3150円の高値がある（同時期の日経平均株価は1万6000円台）。長期方針で報われる王道銘柄といえるだろう。

これまで「野武士」の**三井不動産（8801）**、「お公家」の三菱地所と呼ばれるケースがあったが、最近は積極経営に転じている。

◉三菱地所（8802）の週足

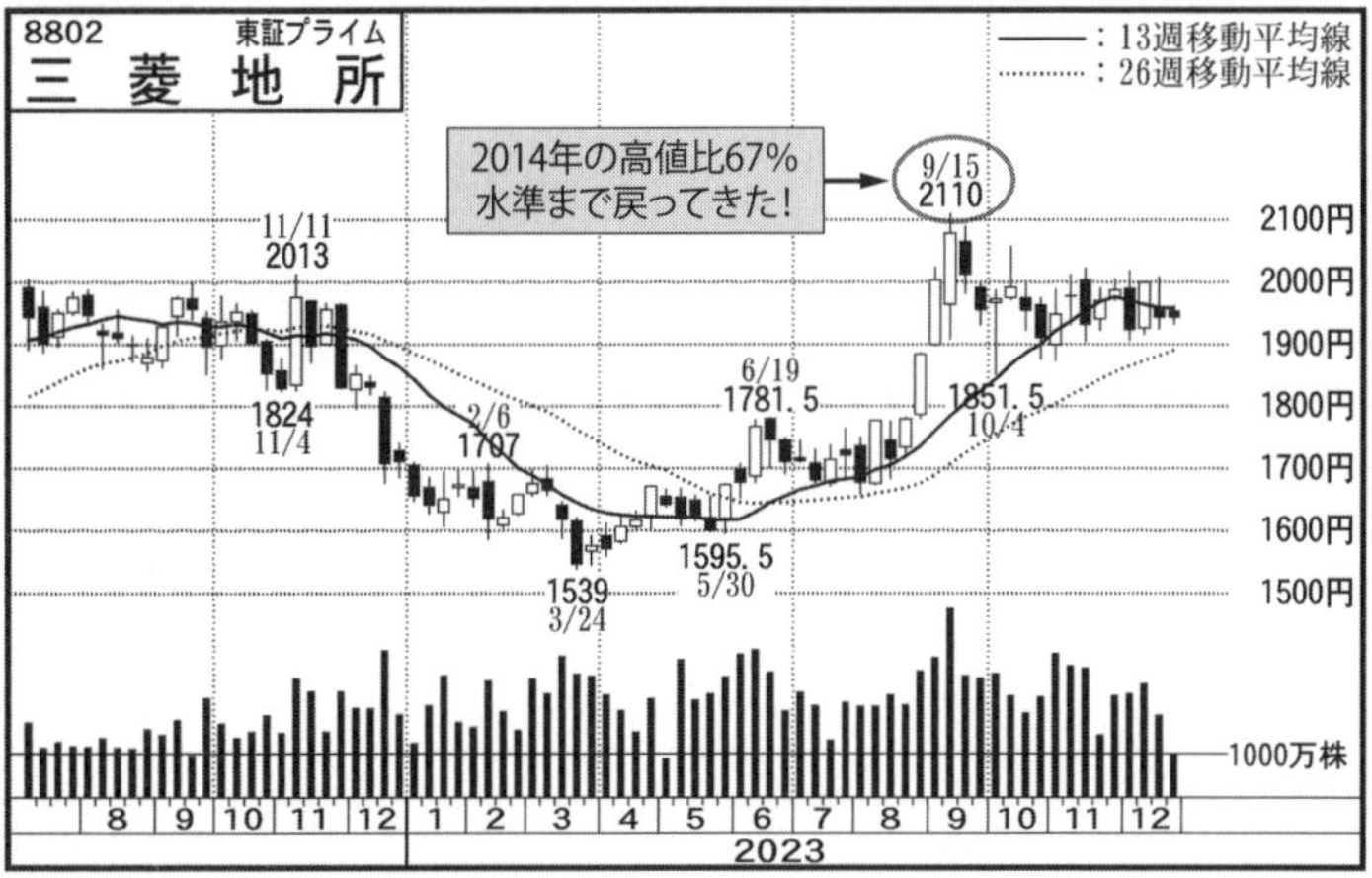

◉三菱地所の株価推移と目標値

10年来高値	3,150.0円	（2014年1月）
10年来安値	1,291.0円	（2020年3月）
2023年始値	1,706.0円	（1月4日）
2023年高値	2,110.0円	（9月15日）
2023年安値	1,539.0円	（3月24日）
2023年終値	1,943.0円	（12月29日）
配当利回り	2.1%	（今期予想）

2024～2026年の第１目標値	2,750円
2024～2026年の第２目標値	3,150円

テーマの①特注銘柄

○

平和不動産（8803）

再開発事業に注力する証券取引所のオーナー企業

◆中期経営計画を4年前倒しで達成、意外高の期待高まる

売上高の9割以上をビルディング事業が占めている。同社は、1947年に東京、大阪、名古屋などの証券取引所のオーナー企業（大家）として設立された。これは現在も続いている。

日本の金融市場のインフラを支える重責を担う企業だが、最近は東京、札幌での再開発事業にも力を入れており、その積極的な姿勢が注目されている。なお、現在推進中の東京兜町・茅場町再活性化プロジェクトでは、4年連続グッドデザイン賞を受賞している。

業績は堅調だ。中期経営計画で掲げた2023年度の営業利益100億円乗せを2019年度に4年前倒しで達成、過去最高益を達成した。株価にもうねりが出てきた。2023年は4270円まで買われたが、コロナ禍の2021年には4400円の高値をつけている。需給面ではシコリの不安が少なく、機関投資家の買い意欲が強い。経営は堅実だが、株価は意外高も期待できると思う。

◉平和不動産（8803）の週足

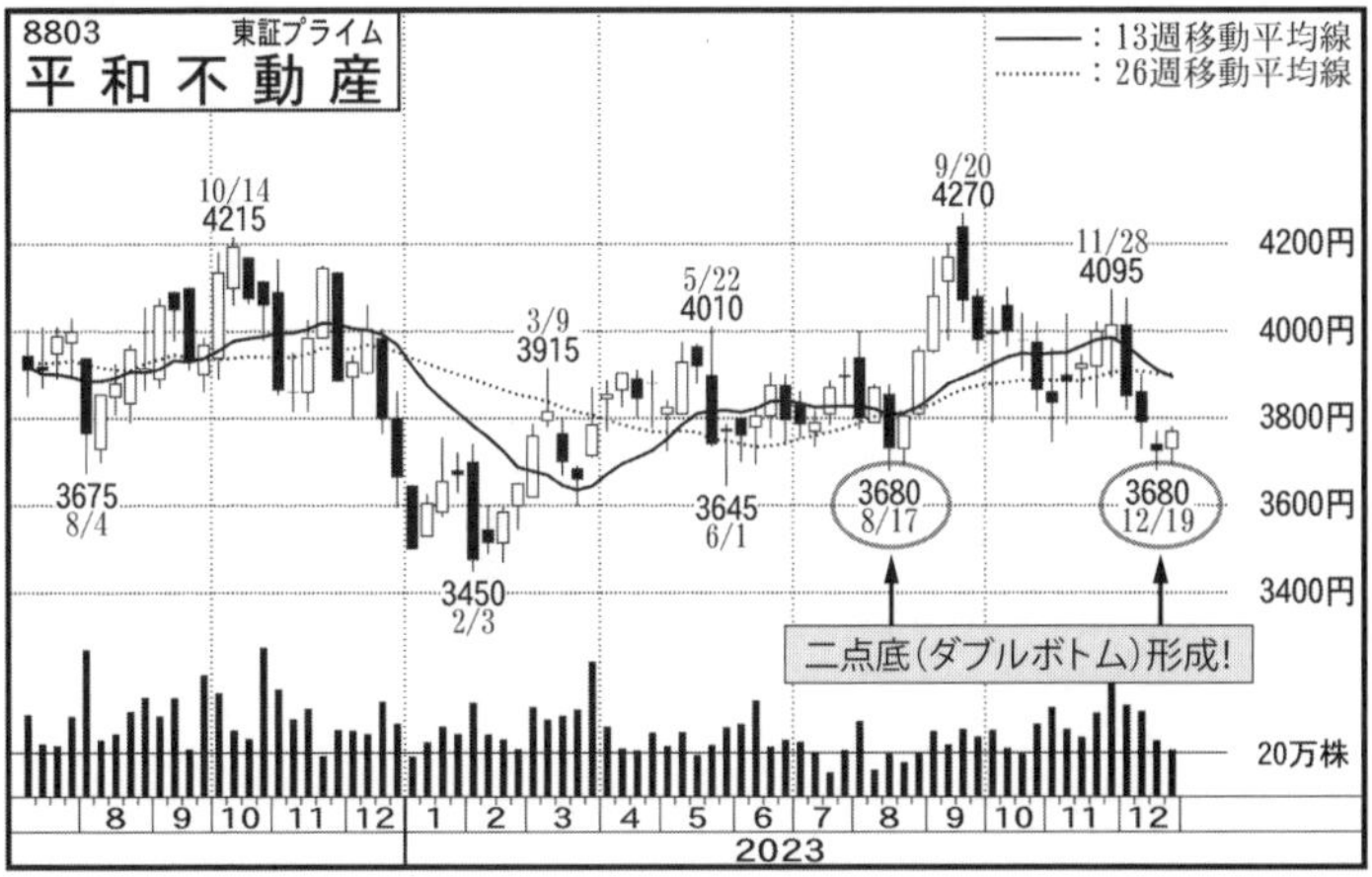

◉平和不動産の株価推移と目標値

10年来高値	**4,400.0円**	(2021年9月)
10年来安値	**1,045.0円**	(2016年2月)
2023年始値	**3,645.0円**	(1月4日)
2023年高値	**4,270.0円**	(9月20日)
2023年安値	**3,450.0円**	(2月3日)
2023年終値	**3,770.0円**	(12月29日)
配当利回り	**3.1%**	(今期予想)
2024〜2026年の第１目標値	**4,260円**	
2024〜2026年の第２目標値	**5,100円**	

テーマ②

EV生産の切り札!
ギガキャストとイーアクスル&EV電池

◆熾烈を極めるEVの覇権争い、車載電池の需要は10倍に急拡大

100年に一度の大変革ともいわれるEV(電気自動車)生産では、次世代型の技術開発が雌雄を決する。その1つは「ギガキャスト」である。これは、第2章でも述べたように、次世代の自動車生産において、現状では2万点以上ともいわれる数多くの部品を統合し、生産コストを大幅に削減する鋳造技術である。**トヨタ自動車(7203)**は、2026年に発売予定のEVにこのギガキャストを採用する方針だ。これにより、車体の前部は従来の86部品・33工程が、1部品・1工程に集約される。

次は「イーアクスル」を取り上げたい。これは自動車を駆動させるためのユニットのことで、EVの性能を左右する心臓ともいえる部品である。この分野では、旧日本電産の**ニデック(6594)**、トヨタグループの**デンソー(6902)**、**アイシン(72**

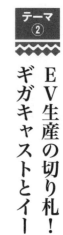

●イーアクスルの関連銘柄

コード	銘柄	株価(円)	概要
6503	三菱電機	2,006.5	イーアクスルへの参入を表明。モーター・インバーター技術を手がかりに開発を進める。
6508	明電舎	2,448.0	「MEIDEN e-Axle」を展開。2023年4月から受注を本格化。高さ方向を抑えた「低背化」形状が特長。
6594	ニデック	5,742.0	車載事業においてイーアクスルの開発に注力。第2世代製品を投入し、商圏をグローバルに展開。
6902	デンソー	2,112.5	アイシンと設立した「ブルーイーネクサス」で電動車向けソリューションを提供。
7259	アイシン	4,911.0	トヨタグループにイーアクスルを提供。高級車レクサスの「RX」「RZ」に採用実績。

(注) 掲載はコード順。株価は2023年12月28日終値
(出所) 東海東京調査センター

59）などが注目できる。

3番目はEV電池である。IEA（国際エネルギー機関）の試算によると、2030年にEVの世界の普及台数は1億4500万台に増加し、EVの中核部品である車載電池の需要は、2022年比で10倍に拡大するという。この分野で日本勢は世界に後れを取っているが、官民を挙げて巻き返しを図っている。したがって、関連の**パナソニックホールディングス（6752）**、**ジーエス・ユアサコーポレーション（6674）**、**マクセル（6810）**、**出光興産（5019）**などは要マークの存在となる。

テーマ②の特注銘柄

◎

アイシン（7259）

業績好調、170円配当を続けるトヨタグループの中核企業

◆グローバル展開でイーアクスルは第3世代を開発中

トヨタグループの中核企業である。**トヨタ自動車（7203）**が発行済み株式の22・6％を保有する。連結子会社199社（うち海外125社）を有し、自動車に必要な部品のほとんどをカバーしている。事業別の内訳は、4兆4000億円を超える売上高（前期実績）のうち、パワートレイン部門が55・7％、走行安全部門20・4％、車体18・6％などとなっている。

パワートレイン部門の一角を占めるイーアクスルは、小型化に対応した第3世代を市場投入に向けて開発中だ。同社の研究開発、生産はともにグローバル展開を特徴とする。足元の業績も好調、配当は年170円の安定配当を続けている。

2025年3月期の営業利益は「3000億円超」を目標にしている。これには、トヨタ自動車のEV増産のニュースは反映されていない。株価は5000円台まで上昇してきたが、2018年には6840円の高値がある。

◉アイシン（7259）の週足

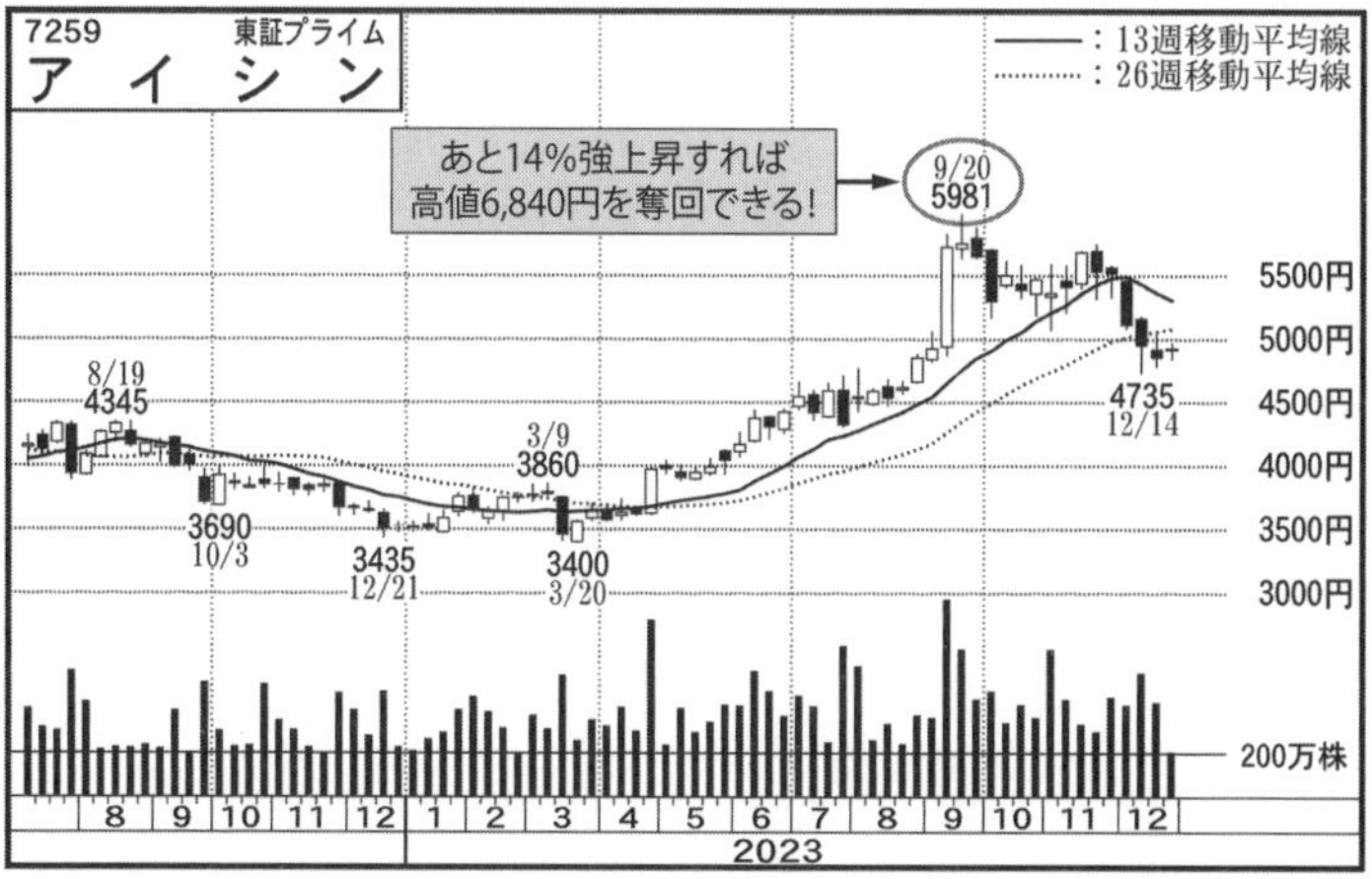

◉アイシンの株価推移と目標値

10年来高値	6,840.0円	（2018年2月）
10年来安値	2,251.0円	（2020年3月）
2023年始値	3,515.0円	（1月4日）
2023年高値	5,981.0円	（9月20日）
2023年安値	3,400.0円	（3月20日）
2023年終値	4,933.0円	（12月29日）
配当利回り	3.5%	（今期予想）

2024～2026年の第１目標値	6,830円
2024～2026年の第２目標値	7,500円

○

マクセル（6810）

独自技術が光るEV電池関連の隠れた主役

◆世界で初めて全固体電池の量産体制を確立、株価は割安

電池と産業用部材を事業の柱とするが、現在は独自のアナログコア（超精密成形）技術を生かし、自動車関連分野に力を注いでいる。それが奏功し、直近では車載向け光学製品が好調だ。EV電池関連の特注銘柄としたのは、大容量の全固体電池の量産体制を確立している点による。これはまだそれほど知られていないが、世界で初めての技術である。したがって近い将来、国内外のEV生産拠点において、この量産技術が導入される可能性は高いと思う。

業績面では、2024年3月期の純利益は58億円が見込まれている。これは前期比11％強の増益だが、上振れ余地を大きく残している。前期40円の配当も増配含みだ。2023年の株価は1803円まで上値を追ったが、その後1500円がらみの水準に反落した。今期の1株利益は126円強を予想しており、この水準のPER（株価収益率）は12倍と割安である。

◉マクセル（6810）の週足

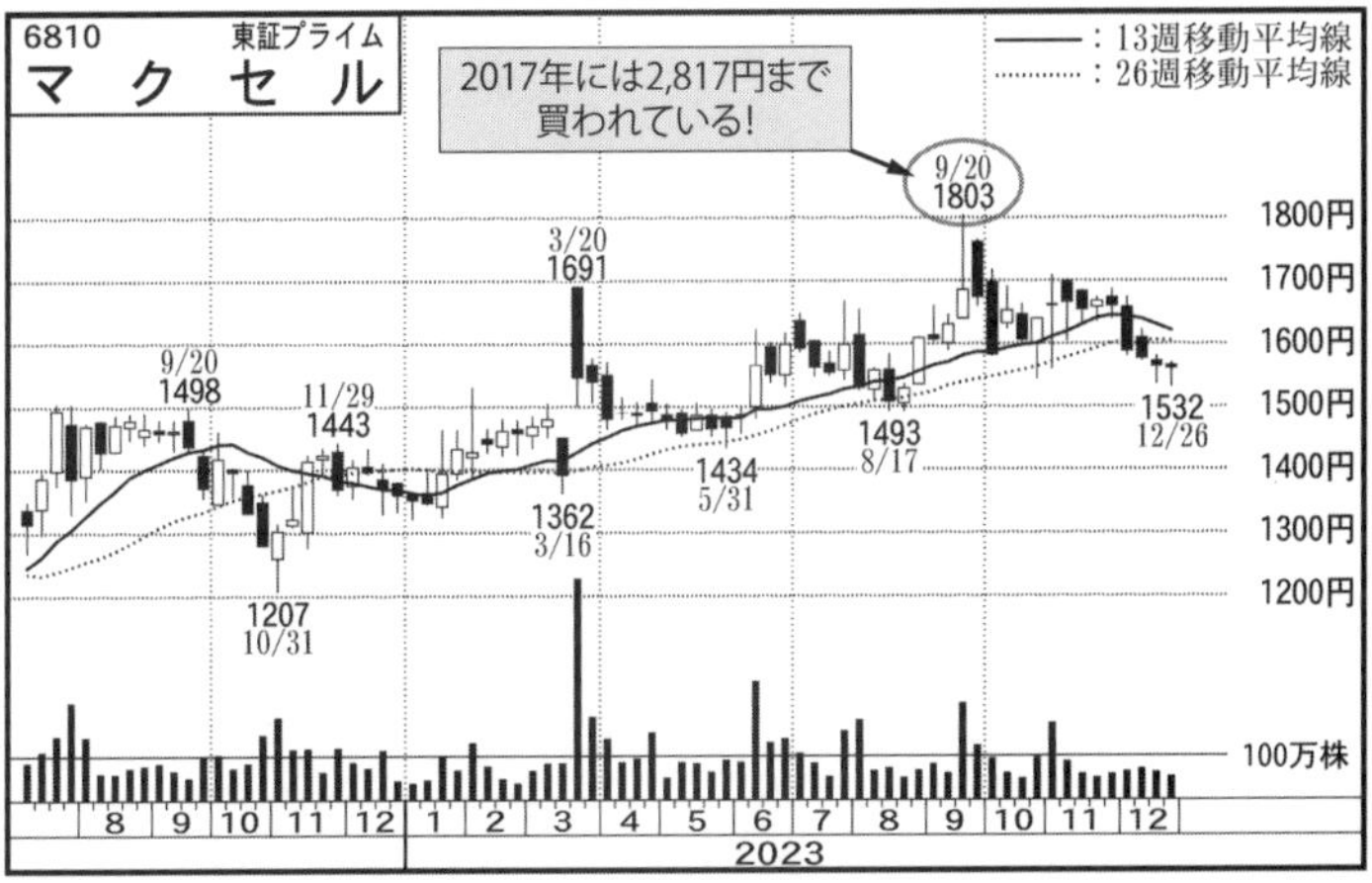

◉マクセルの株価推移と目標値

10年来高値	2,817.0円	（2017年10月）
10年来安値	836.0円	（2020年7月）
2023年始値	1,361.0円	（1月4日）
2023年高値	1,803.0円	（9月20日）
2023年安値	1,322.0円	（1月6日）
2023年終値	1,560.0円	（12月29日）
配当利回り	2.6%	（今期予想）

2024〜2026年の第１目標値	1,800円
2024〜2026年の第２目標値	2,300円

テーマ③

深刻度を増す人手不足問題！ 解消のカギを握る省人化関連

◆需要の急回復を省人化システムで乗り切ろうとする動きが鮮明化

少子高齢化が急速に進む日本では、人手不足の解消が喫緊《きっきん》の課題となっている。人手不足に悩まされているのは飲食、福祉、建設、宿泊、運送など多くの業界にわたるが、特に深刻なのがインバウンドの回復で追い風を受ける飲食・宿泊業界だとされる。なかでも飲食業界の人材確保は厳しさを増している。この業界はアルバイト、パートなど賃金の安い非正規雇用の働き手が全体の8割以上を占めるとされ、仕事のきつさもあって短期離職が常態化している。

競争が激しく短期廃業も多い飲食業界だが、コロナ禍後の状況を見ても分かるとおり、風向きが変われば一気に収益チャンスが拡大する。例えば、「熱烈中華食堂日高屋」を展開する**ハイデイ日高（7611）**の純利益は、コロナ禍の2021年2月期に29億

◉筆者が注目する主な省人化システム関連株

コード	銘柄	株価（円）	PBR（倍）	配当（円）
6141	DMG森精機	2,697.5	1.29	90.0
6383	ダイフク	2,859.0	3.20	37.0
6436	アマノ	3,341.0	1.97	120.0
6457	グローリー	2,720.5	0.76	80.0
6465	ホシザキ	5,146.0	2.24	95.0
6506	安川電機	5,884.0	4.11	64.0
6701	日本電気	8,326.0	1.31	120.0
6954	ファナック	4,200.0	2.39	未定

（注）掲載はコード順。PBR（株価純資産倍率）は2023年12月28日の株価（終値）に準ずる。
配当は今期予想

円強の赤字を計上したが、２０２４年２月期は29億円の黒字を見込んでいる。業績急回復を背景に株価もうなぎ登りで、２０２３年は始値１９３５円が６割高の３０９５円まで買われている。

このような状況に対し、飲食業界では人手不足を省人化システム、自動化機器の導入でカバーしようとする動きが活発化している。省人化関連の特注銘柄には**ホシザキ**（**６４６５**）、**アマノ**（**６４３６**）をピックアップしたが、産業用ロボットなどを手がける**安川電機**（**６５０６**）、飲食店向けに配膳ロボを提供する**日本電気**（**６７０１**）なども期待できる。

テーマの特注銘柄

◎

ホシザキ（6465）

グローバルカンパニーに成長したフードサービス機器の最大手

◆全自動の食器洗浄機など省力化需要が拡大、株価も高値追い

１９４７年に愛知県名古屋市で設立された同社は、１９６５年に日本で初めて全自動製氷機の製造・販売を開始し、飲食業界などで一躍その名を知られるようになった。その後、生ビールディスペンサー、業務用冷蔵庫などを開発、フードサービス機器のグローバルカンパニーに成長する。M&Aに積極的な同社は、売上高の42%が海外であり、製氷機の世界シェアは３割に達する。

最近は飲食業界の人手不足解消に向け、全自動のシステム食器洗浄機、ドリンク・サービス機器などにも力を入れている。省力化に伴う設備投資需要は、国内外で今後も続く可能性が高く、収益拡大に弾みがつこう。足元の業績も増収増益を達成、２０２３年12月期配当は前期比25円増の95円とする。

株価は２０１８年に示現した５９４５円を射程圏に捉えている。ここを抜けば一段高が望める。

◉ホシザキ（6465）の週足

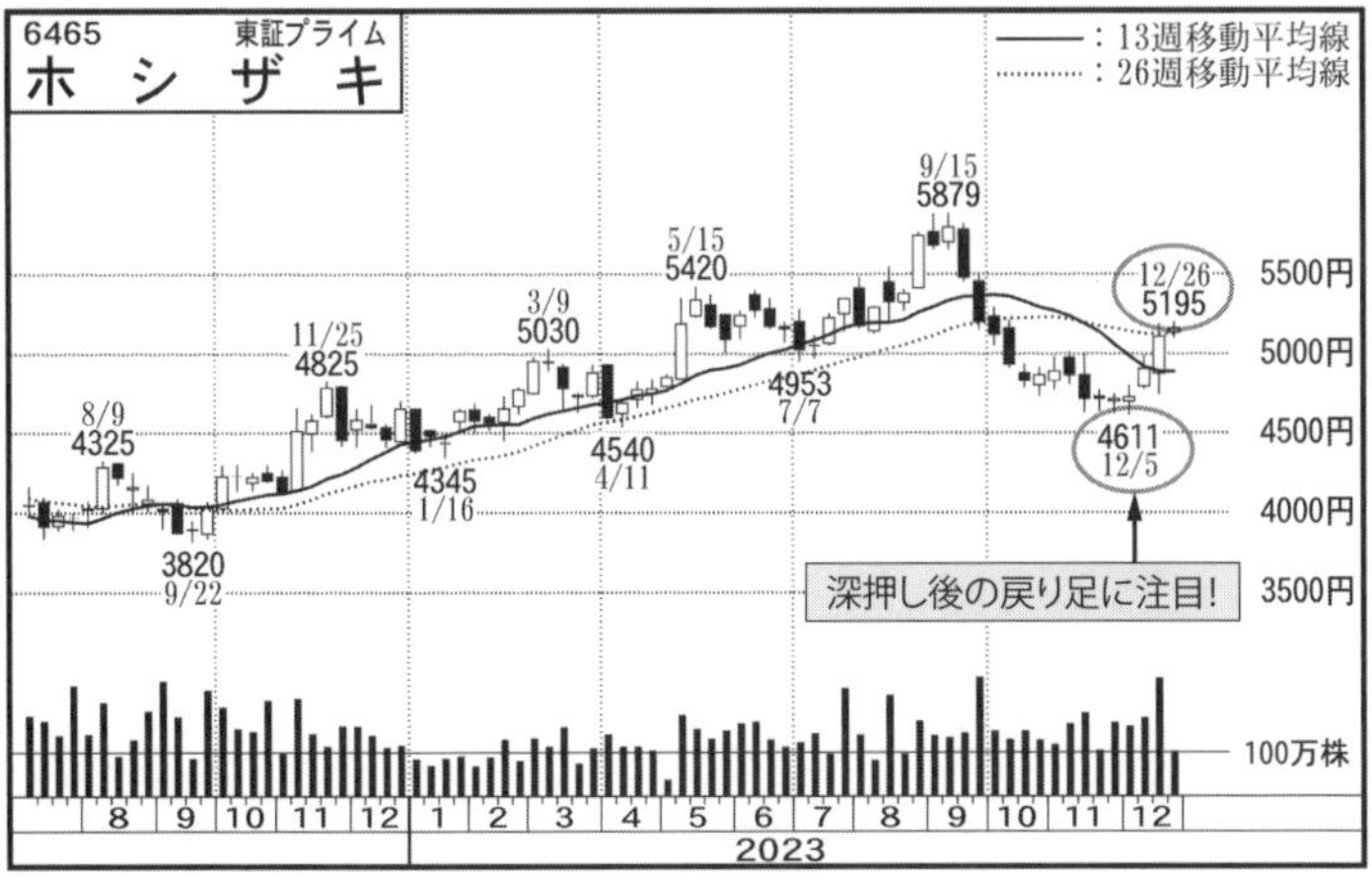

◉ホシザキの株価推移と目標値

10年来高値	5,945.0円	（2018年6月）
10年来安値	1,690.0円	（2014年2月）
2023年始値	4,655.0円	（1月4日）
2023年高値	5,879.0円	（9月15日）
2023年安値	4,345.0円	（1月16日）
2023年終値	5,161.0円	（12月29日）
配当利回り	1.8%	（今期予想）
2024〜2026年の第１目標値	6,100円	
2024〜2026年の第２目標値	6,900円	

テーマの特注銘柄③

○

アマノ（6436）

業績、株価ともに堅調な勤怠管理のパイオニア

◆国内首位の自動床洗浄機などが人手不足解消に大きく貢献

勤怠管理のパイオニアとして知られる。創業以来、タイムカード、クラウド勤怠サービス、入退室管理システムなど時代のニーズに合わせた勤怠管理ツール、ノウハウを提供してきた。現在、働く人の約5人に1人が同社の勤怠管理ツールを利用し、その人数は1500万人に達するという。

省力化関連の顔としては、まず自動パーキングシステムの大手であることを指摘できる。加えて注目したいのは、クリーン・ロボットソリューション事業だ。ここでは国内シェアトップの自動床洗浄機、AIによる小型床洗浄ロボットなどを展開しており、清掃員の慢性的な人手不足解消に役立っている。

このほか集塵機などの環境事業も好調のため、足元の業績は極めて堅調。2024年3月期は3期連続となる増収増益が有望視されており、純利益は前期比10・7％増の125億円を予想する。これを受け、株価も右肩上がりの展開となっている。

◉アマノ(6436)の週足

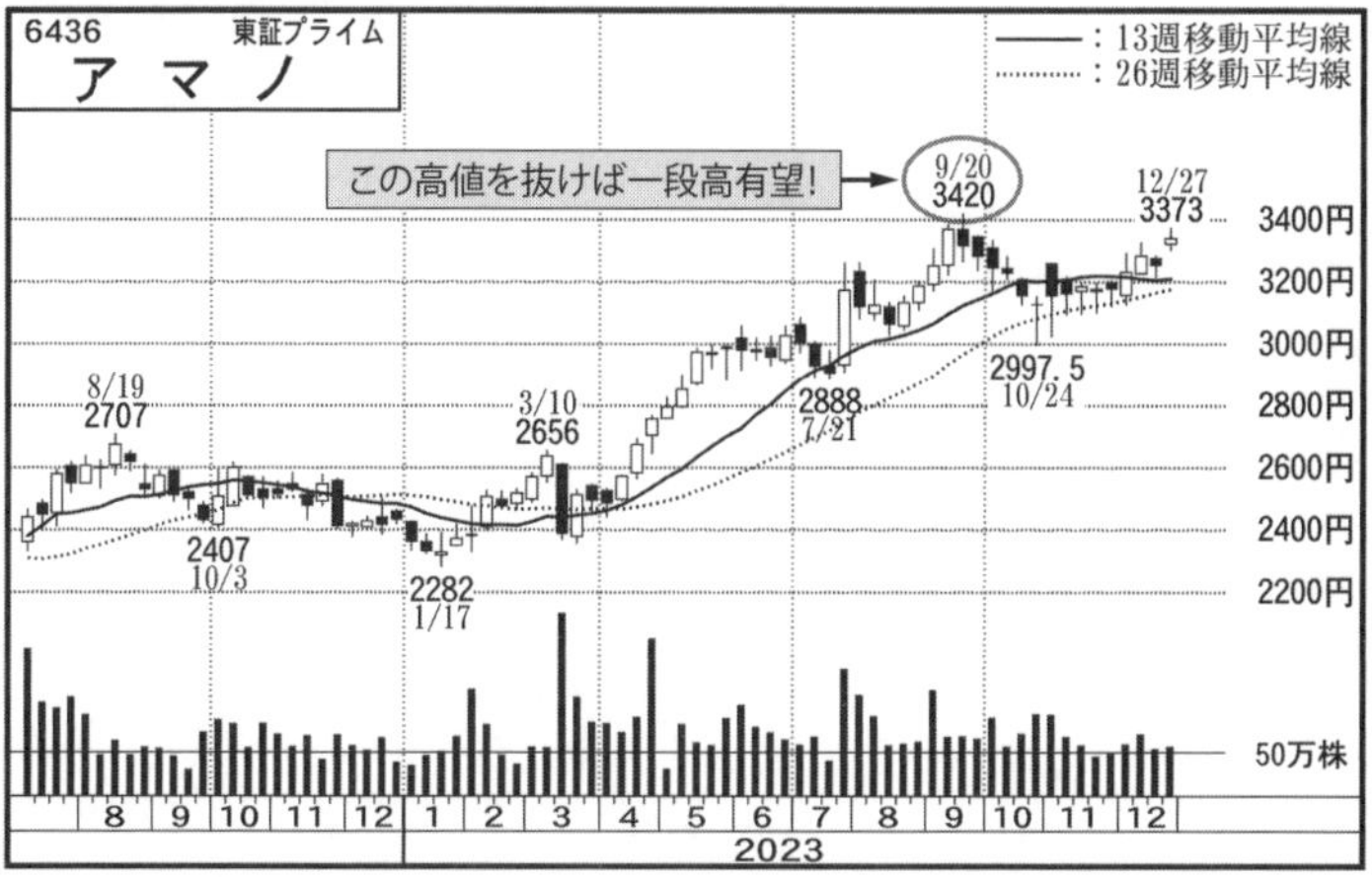

◉アマノの株価推移と目標値

10年来高値	3,480.0円	(2019年12月)
10年来安値	940.0円	(2014年5月)
2023年始値	2,428.0円	(1月4日)
2023年高値	3,420.0円	(9月20日)
2023年安値	2,282.0円	(1月17日)
2023年終値	3,342.0円	(12月29日)
配当利回り	3.6%	(今期予想)
2024～2026年の第１目標値	3,800円	
2024～2026年の第２目標値	4,380円	

テーマ④

底打ち→反騰態勢固めが進行中！期待高まる半導体セクター

◆2024年の世界半導体市場規模は急回復、関連銘柄の下値買いに妙味

あらゆる機器に不可欠な半導体は、現在では「産業のコメ」ともいうべき存在であり、その市況、動向は景気の先行指標にもなっている。2020年以降のコロナ禍では、世界的な半導体の不足によって自動車の生産ができなくなるなど、多くの業界が大変なダメージを受けた。しかし、最近ではエヌビディア（NVDA）のGPU（画像処理半導体）にみられるように、新しい時代が到来しつつある。

かつて日本製の半導体が世界を席巻し、世界市場の半分以上を占めるときもあった。しかし、その後は韓国、台湾企業が台頭したことにより、日本企業の影は薄くなる。しかし、ここにきて官民一体による日本製半導体が復活する兆しが出てきた。TSMC（台湾積体電路製造）の熊本県菊陽町、ラピダスの北海道千歳市など新工場の建設が相次いで

◉筆者が注目する主な半導体関連株

コード	銘柄	株価（円）	PBR（倍）	配当（円）
3436	SUMCO	2,119.0	1.30	52.0
4004	レゾナック・ホールディングス	2,788.0	0.88	65.0
4062	イビデン	7,833.0	2.36	40.0
4063	信越化学工業	5,915.0	2.81	100.0
4186	東京応化工業	3,138.0	2.14	54.6
4369	トリケミカル研究所	3,550.0	4.28	30.0
4980	デクセリアルズ	4,154.0	2.99	75.0
6627	テラプローブ	6,480.0	1.78	54.0
6723	ルネサスエレクトロニクス	2,558.5	2.21	0.0

（注）掲載はコード順。PBR（株価純資産倍率）は2023年12月28日の株価（終値）に準ずる。
配当は今期予想

いる。もとより、半導体製造装置メーカー、半導体製造を支える多くの関連企業は健在である。

２０２３年における半導体の世界市場規模は、前年比10％ほどのマイナスとなる見込みだ。しかし、ＷＳＴＳ（世界半導体市場統計）は、２０２４年に２０２３年比12％増を予測している。２０３０年の市場規模は2倍になるという。世界の半導体市況は待望の底入れを確認、回復局面に入ったようだ。

さらに、**ローム（６９６３）**、**ルネサスエレクトロニクス（６７２３）**、**三菱電機（６５０３）**などはパワー半導体において、世界的な競争力を有する。

テーマの特注銘柄④

◎

テラプローブ（6627）

社会生活に不可欠な半導体の品質を守り抜く会社

◆業績は過去最高を記録、株価も上場来高値を更新

２００５年の会社設立後、半導体ＤＲＡＭ製品のウエハテストを開始し、２０１０年12月に株式を東京証券取引所に上場した。現在は東証スタンダード市場に属している。今や半導体は自動車、家電、スマホ、パソコンなど身の回りにあるほとんどの製品に組み込まれ、人々の社会生活を支えている。それだけに、その品質が極めて重要となる。同社は、半導体が世の中に出回る前に厳しく適正なテストを行ない、品質を守り抜くことで世界中の半導体に信頼を与えている。すなわち、同社は半導体のテストを通して、安全・安心な社会づくりに貢献する企業ともいえる。

業績は好調。コロナ禍の２０２０年12月期以降、増収増益（売上高・純利益）が続いており、２０２３年12月期も過去最高を更新する公算が大きい。株価も絶好調だ。２０２３年12月には６８００円まで買われ、上場来高値を更新した。かつてマイクロン・テクノロジー（ＭＵ）傘下だったが、現在は台湾系企業となっている。

◉テラプローブ(6627)の週足

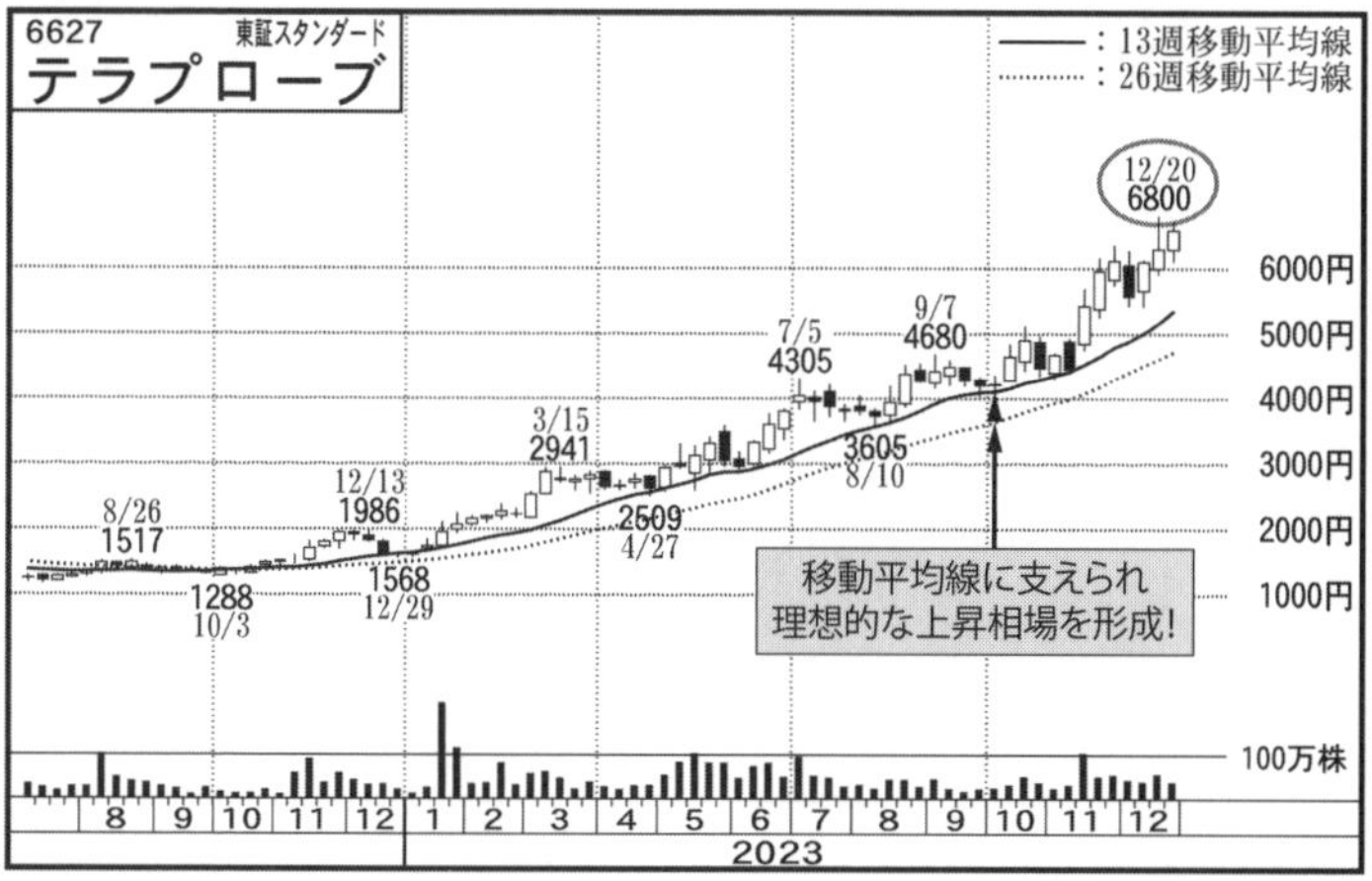

◉テラプローブの株価推移と目標値

10年来高値	6,800.0円	（2023年12月）
10年来安値	404.0円	（2020年3月）
2023年始値	1,612.0円	（1月4日）
2023年高値	6,800.0円	（12月20日）
2023年安値	1,568.0円	（1月4日）
2023年終値	6,590.0円	（12月29日）
配当利回り	0.8%	（今期予想）
2024～2026年の第１目標値	7,200円	
2024～2026年の第２目標値	8,400円	

○ デクセリアルズ（4980）

ソニーケミカルが社名変更後に再上場、技術力に定評

◆ハイテク分野向け光学・電子材料部品を柱に成長続く

前身は1962年に設立されたソニーケミカルである。同社は、トランジスタラジオ用銅箔製品の製造販売を行なう会社として誕生した。その後1987年に上場したが、2000年に現在の**ソニーグループ（6758）**の100％子会社となり、上場廃止となった。しかし2012年、現在の社名に変更し、2015年に再上場を果たしている（現在は東証プライム上場銘柄）。現在、ソニーグループとは決別している。

事業は光学材料部品（売上高構成比率52％）、電子材料部品（同48％）を二本柱とする。2024年3月期の業績は売上高1000億円、純利益180億円と減収減益予想だが、配当は75～80円と増配含みである。

株価は2022年の高値4445円を上抜き、上値指向を強めている。先端分野の用途に強く成長力が高いという点がマーケットの評価につながっている。投資判断（格付け）を最上位にする証券会社がある。

◉デクセリアルズ（4980）の週足

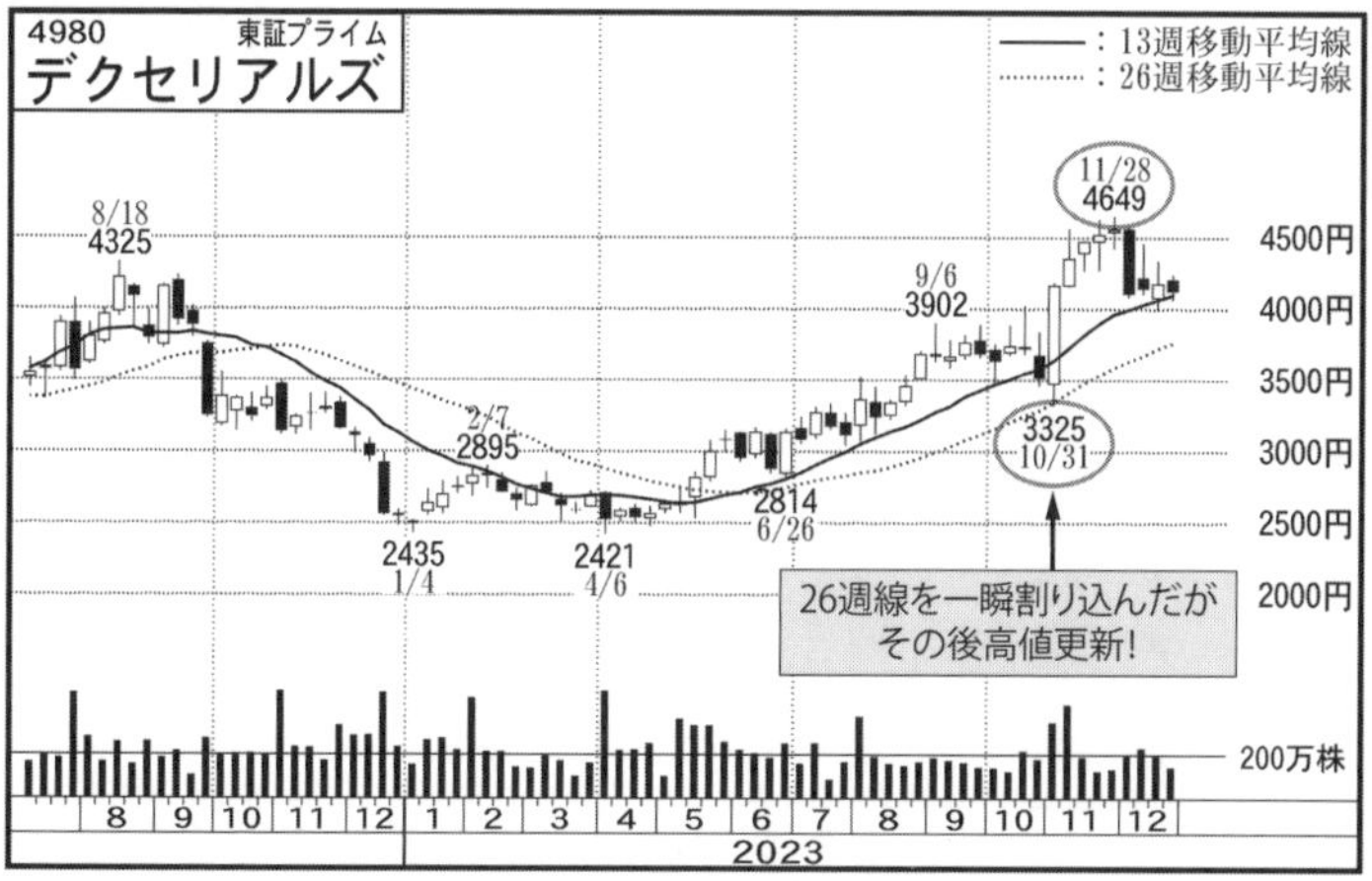

◉デクセリアルズの株価推移と目標値

10年来高値	4,649.0円	(2023年11月)
10年来安値	577.0円	(2020年3月)
2023年始値	2,508.0円	(1月4日)
2023年高値	4,649.0円	(11月28日)
2023年安値	2,421.0円	(4月6日)
2023年終値	4,126.0円	(12月29日)
配当利回り	1.8%	(今期予想)

2024～2026年の第１目標値	4,770円
2024～2026年の第２目標値	5,500円

テーマ⑤

国策となった防衛力の強化！注目度を増す国防関連

◆2024年度の防衛費概算要求は過去最大、装備品納入企業は要マーク

日本の防衛費は2023年度が6兆8219億円だ。前年度より1兆4000億円ほど増えた。防衛費の増額はロシアのウクライナ侵攻前から続いており、これで11年連続の増額となった。政府は2023年度予算を「防衛力抜本的強化の元年予算」としており、以後5年間の防衛力整備の水準は43兆円となる。

この国策については賛否両論渦巻いているが、防衛省が公表した2024年度予算案の概算要求は7兆7385億円と過去最大となった。北朝鮮、中国、ロシアの脅威が高まっている状況下、やむを得ないだろう。新たな国防方針では、防衛力を抜本的に強化するため、7つの分野を重視することが示されている。

この概算要求に盛り込まれた取得予定の主な防衛装備品リストによると、**三菱重工業**

◉筆者が注目する主な国防関連株

コード	銘柄	株価（円）	PBR（倍）	配当（円）
4274	細谷火工	1,316.0	1.79	7.0
5631	日本製鋼所	2,415.0	1.09	58.0
6203	豊和工業	755.0	0.51	20.0
6208	石川製作所	1,094.0	1.53	0.0
6503	三菱電機	2,006.5	1.24	40.0
7011	三菱重工業	8,227.0	1.44	160.0
7012	川崎重工業	3,121.0	0.93	40.0
7224	新明和工業	1,172.0	0.76	45.0
7721	東京計器	1,764.0	0.88	32.5
7963	興研	1,587.0	0.65	25.0

（注）掲載はコード順。PBR（株価純資産倍率）は2023年12月28日の株価（終値）に準ずる。
配当は今期予想

（７０１１）を筆頭に**三菱電機**（６５０３）、**日本製鋼所**（５６３１）、**日本電気**（６７０１）、**豊和工業**（６２０３）、**川崎重工業**（７０１２）、**東洋紡**（３１０１）、**ＳＵＢＡＲＵ**（７２７０）などが散見される。東洋紡は防弾チョッキなど、ＳＵＢＡＲＵは多用途ヘリコプターを納入する。

株価的には、これら装備品納入企業はもちろん、防衛分野の事業を継続している企業にも注目できる。

ＱＰＳ研究所（５５９５）は、三菱重工業出身者が幹部に２人いる。その知見とデータを軸にミサイル防衛システムを手がけている。

テーマの特注銘柄⑤

◎

三菱重工業（7011）

高値更新が続く防衛・宇宙関連の主役銘柄

◆防衛・宇宙向けの受注高が急拡大、今期純利益は45％増益を予想

世界的な総合重機メーカーだが、ウクライナ戦争の勃発以降、防衛関連の主役銘柄として存在感を増している。「航空・防衛・宇宙」分野の売上高は全体の15％程度だが、2024年3月期第1・四半期の防衛・宇宙向け受注高は、前年同期比10倍の6491億円を記録した。防衛費の増額は世界的な傾向だ。防衛事業だけを見ても、2024年3月期通期の受注高はミサイルを中心に8000億円以上が見込まれている。もちろん、これは過去最高である。

全体の業績も増収増益が有望だ。売上高は2％ほどの増収だが、純利益は前期比45・6％増の1900億円を予想している。配当も30円増の160円となる。2023年の株価は、年初の5150円が9月に9262円まで買われた（上昇率79・8％）。世界的な軍事リスク（ウクライナ戦争の長期化に加え、イスラエルとハマスの軍事衝突）が薄まらない限り、株価は上値追いの展開が続くだろう。

◉三菱重工業（7011）の週足

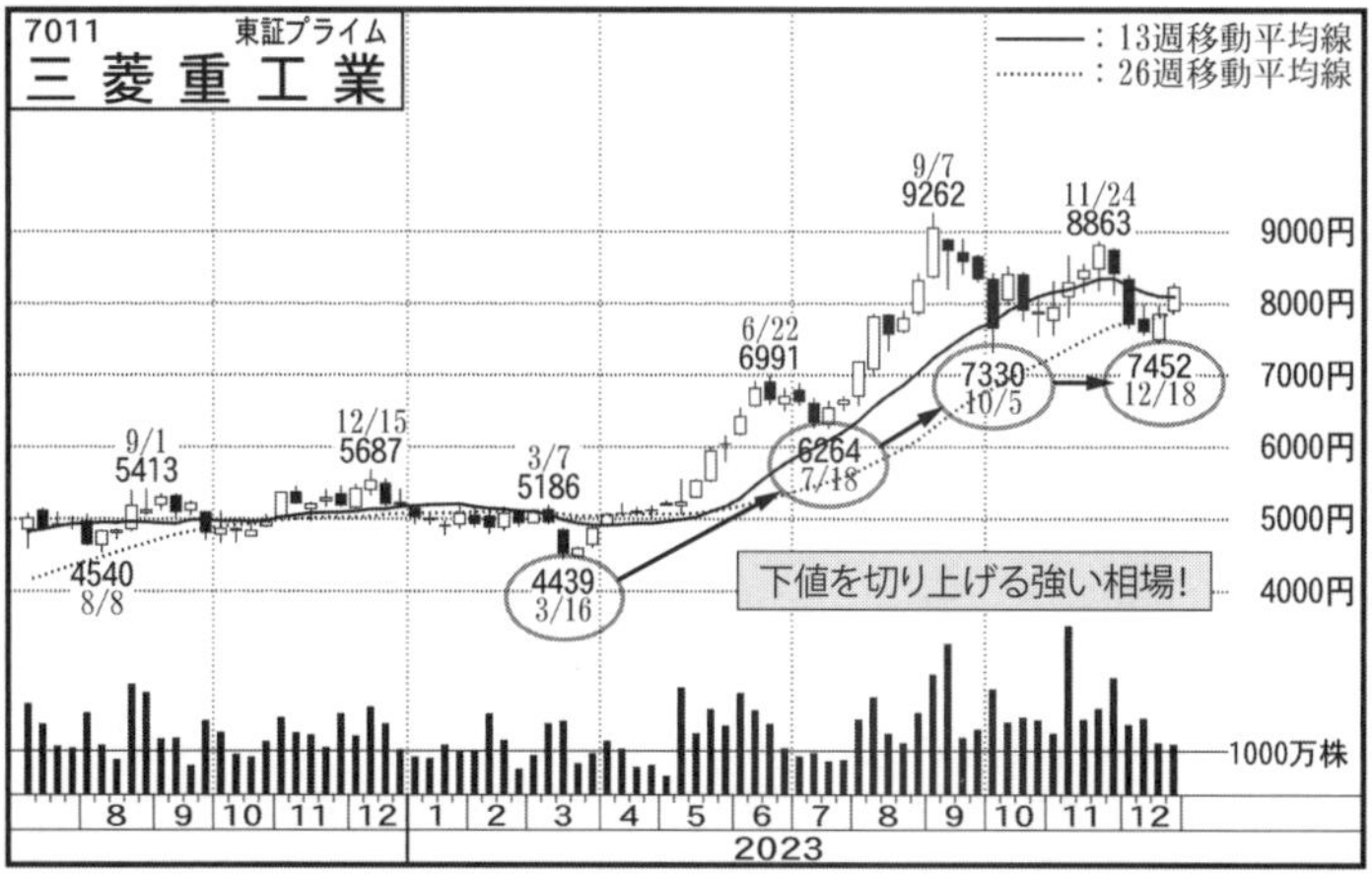

◉三菱重工業の株価推移と目標値

10年来高値	9,262.0円	（2023年9月）
10年来安値	2,181.0円	（2020年10月）
2023年始値	5,150.0円	（1月4日）
2023年高値	9,262.0円	（9月7日）
2023年安値	4,439.0円	（3月16日）
2023年終値	8,241.0円	（12月29日）
配当利回り	1.9%	（今期予想）

2024～2026年の第１目標値	10,200円
2024～2026年の第２目標値	12,000円

テーマ⑤の特注銘柄

○

豊和工業（6203）

防衛省向け装備品の納入増続く防衛関連の割安株

◆株価はPBR0・5倍水準と超割安、急騰実績に注目

自動車向けなどの工作機械を主力とするが、国内唯一の小銃メーカーでもあり、ライフル銃など火器部門が売上高の2割を占めている。最近の状況としては、防衛省向け小銃の量産が本格化し、迫撃砲などほかの装備品の納入も増えている。また、民間向けとしては猟用およびスポーツ用ライフル銃などを手がけ、その高い技術力は海外のユーザーにも高く評価されている。

中期経営計画によると、これまでの安定路線を改め成長路線に舵を切っている。足元の業績は今期減益予想と厳しいが、20円配当を続けている。直近の株価はPBR（株価純資産倍率）0・5倍水準の700円台にとどまっている。しかし、2017年には2876円まで買われた経緯がある。

この銘柄は株式市場では人気が高い。いったん動き出せば、常に「理外の理」的な相場展開となる。そこが魅力だろう。

◉豊和工業（6203）の週足

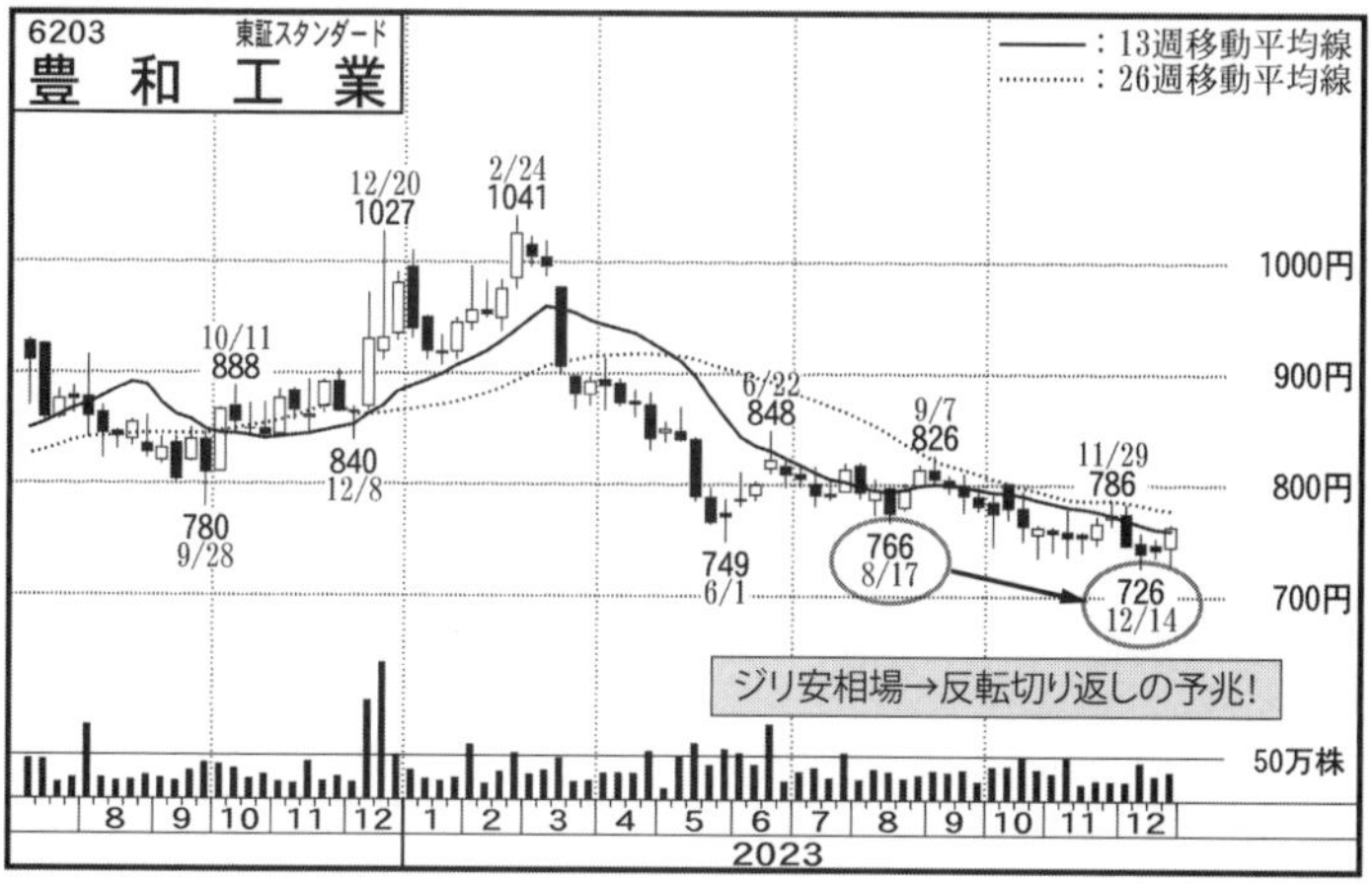

◉豊和工業の株価推移と目標値

10年来高値	2,876.0円	（2017年10月）
10年来安値	490.0円	（2020年3月）
2023年始値	996.0円	（1月4日）
2023年高値	1,041.0円	（2月24日）
2023年安値	726.0円	（12月14日）
2023年終値	763.0円	（12月29日）
配当利回り	2.6%	（今期予想）

2024～2026年の第１目標値	830円
2024～2026年の第２目標値	940円

コラム……04

新札発行の狙いは何か

（特需の恩恵を受ける銘柄に注目！）

2024年7月に新紙幣が発行される。今やキャッシュレスの時代（官民挙げてキャッシュレス比率を推進中）だというのに、「新札でもあるまい」との声がある。ただ、ここでの20年ぶりの新紙幣の発行には、①偽造防止（世界初の3Dホログラム導入）、②タンス預金のあぶり出し、の2点があろう。

特に、②は重要だ。日本ではタンス預金が100兆円を超えるといわれているが、これにはあやしげな資金も混在していると思う。2024年8月以降、大量の旧紙幣を金融機関に持ち込んだ場合、税務当局の知るところとなろう。届け出義務が課されるのは当然だ。すなわち、そのお金の出所を問われる。

「いや～、それは困る」。そんな人もいるだろう。だからこそ、早め早めの対応を、と主張している。ちなみに、新札の1万円は渋沢栄一、5,000円は津田梅子、1,000円は北里柴三郎だ。3人とも生家は良家（資産家）、お金持ちである。とりあえず、「お金には不自由しなかった人生」との見方ができる。

一方、旧札はどうか。1万円札の福沢諭吉、5,000円札の樋口一葉、1,000円札の野口英世は貧しい家に生まれ、生涯貧乏だったようだ。それぞれ名声は得たものの、お金には苦労した人たちである。見方を変えれば、戦後の日本の復興を象徴する人たちだったといえる。

新札の3氏は、投資（運用）の時代を先取りしているといえないか。関連銘柄では、紙幣識別機などを手がける**マースグループホールディングス（6419）**、POSシステムの**東芝テック（6588）**、ATMの**OKI（6703）**などが潤うことになろう。

〈第5章〉

株式貯蓄で株長者を目指そうじゃないか！

これから3年、企業価値の向上が見込める株主優遇銘柄をコツコツ買っていくというやり方

無理することなく少額の資金で少しずつ買い続ける株式貯蓄
その楽しみは配当をもらいながら資産を増幅させることにある

◆日本人の金融資産2121兆円のうち、株式は12・9%という現実

日本の個人が保有する金融資産は、2023年9月末時点で約2121兆円と過去最高を記録した。これは、前年(2022年)9月末の2020兆円より5%増えたことを示している。日銀が四半期ごとに発表している「資金循環統計」によると、その内訳は「現金・預金」が1113兆円であり、これは金融資産の52・5%に相当する。その次は「保険・年金」が539兆円で25・4%を占める。

これに対し、「株式等」は273兆円(全体の12・9%)、投資信託は101兆円(同4・8%)にとどまっている。しかし、前年の四半期との比較では、「現金・預金」が1・2%増、「保険・年金」が0・4%増にすぎなかったのに対し、「株式」は30・4%増、「投資信託」は17・4%増と大きく伸びている。株高の効果があろう。

筆者はかねてより、「手元に5万円あったら預・貯金ではなく〝株貯〟に」と主張してきた。株貯とはすなわち、株式貯蓄のこと。コツコツと優良株を買い増していけば、それがやがて「資産」になる、というのが株貯の考え方である。

多くの人は、「まとまった金額がなければ株式投資をする意味がない」と考えている。その論理は、「100万円分の株式を買い、2割上がったところで売れば20万円儲かる。しかし、5万円分の株式を買って2割上がったところで売っても、儲けは1万円にしかならない」という図式だ。しかし、この図式は間違っている。

お金（投資資金）のない人ほど、目先の小さな利益ばかり考えてしまう。そして、なるべく多くの資金を元手に儲けようとする。結果的に、そのような考え方では、お金はなかなか増えない。いや、「お金は酷使すると、去る」というが、増えるどころかお金が逃げていってしまう。株貯は投機とは違う。

筆者は、株貯で財を築いた人を何人も知っているが、預・貯金だけで財を成した人を見たことがない。また、退職金など大切な大金を元手に株式投資を行ない、大成功をおさめたという人も聞いたことがない。筆者が無理をせず、少しずつ着実に資産をつくりあげる株貯を強く勧める理由はここにある。

◆メガバンクの株式貯蓄で年85万円の配当をもらう人

株貯には、デイトレード（1日で売買を完結させる投資手法）のようなごく短時間で利ザヤを稼ぐ楽しみはない。しかし、コツコツと丹念に安値を仕込む株貯には、値上がり益（キャピタルゲイン）とともに、配当（インカムゲイン）、株主優待をもらえる楽しさがある。

筆者は、**みずほフィナンシャルグループ（8411）**の株貯を長年続け、現在、保有株数が1万株に達したという人の話を聞いたことがある。

よく聞くと、その人は10年前にみずほ銀行の定期預金を止め、株貯に方向転換したようだ。原稿執筆時点で同社株の株価は2400円近辺だが、その人の平均買いコストは1800円ほどだという。したがって、3割以上利が乗っていることになるが、年間の配当総額は2023年3月期ベースで85万円（税引き前の金額）になる。

さらに、株式分割を何度も実施するような銘柄には、「夢とロマン」がある。保有し続けている間に株式数が増え、株価も値上がりすれば大きな資産となる。次ページの表の銘柄は、東証プライム市場の主な高配当利回り銘柄だが、株貯の対象となり得るものも複数あるのではないか。

●東証プライム市場の主な高配当利回り銘柄

コード	銘柄	株価（円）	年間予想配当（円）	年間予想配当利回り（%）
1419	タマホーム	3,920.0	185.0	4.7
1833	奥村組	4,630.0	225.0	4.9
2914	日本たばこ産業	3,612.0	188.0	5.2
4410	ハリマ化成グループ	809.0	42.0	5.2
4617	中国塗料	1,658.0	68.0	4.1
5192	三ツ星ベルト	4,360.0	250.0	5.7
5401	日本製鉄	3,240.0	150.0	4.6
5410	合同製鉄	4,590.0	230.0	5.0
5938	LIXIL	1,744.5	90.0	5.2
6070	キャリアリンク	2,338.0	120.0	5.1
6210	東洋機械金属	681.0	35.0	5.1
6349	小森コーポレーション	1,126.0	60.0	5.3
6651	日東工業	3,565.0	188.0	5.3
7236	ティラド	3,060.0	160.0	5.2
7239	タチエス	1,769.0	92.8	5.2
8007	高島	1,168.0	60.0	5.1
8068	菱洋エレクトロ	3,565.0	180.0	5.0
8304	あおぞら銀行	3,068.0	154.0	5.0
8892	日本エスコン	923.0	48.0	5.2
9434	ソフトバンク	1,750.0	86.0	4.9

（注）掲載はコード順。　予想配当利回りは2023年12月28日終値ベースの数値

◆株貯の対象となる企業には共通する絶対的な条件がある

２０２４年1月より開始される新ＮＩＳＡは、株貯の優位性を後押しする。株貯は長期投資を前提とするため、税制上の優遇措置は何よりの力水となる。次ページ下の表は原稿執筆時において、筆者が２０２４年以降の3年間、株貯をしてみたいと強く感じた銘柄である。もちろん、資金的な問題もあるのでこの10銘柄すべてを買い続けることはできないが、株貯で成功する可能性は大きいと考えている。

銘柄の選別に当たり、第３章で詳しく解説した「ウォーレン・バフェット氏の投資戦術」を強く意識した。すなわち、事業の継続性（ビジネスモデルに問題はないか）、成長性と安定性、株主を重視した経営姿勢（配当などに配慮）などである。また、「日本株配当貴族インデックス・オープン」の組み入れ上位銘柄についても参考とした。

政府は正社員には賃上げを、パート・アルバイトには最低賃金の引き上げを提唱、インフレ（物価高）対応策を打ち出している。しかし、リタイアした高齢者はどうするのか。これは株式投資（新ＮＩＳＡ）の活用だろう。

タンス預金だけでは、資産が目減りするばかりだ。株式貯蓄は、物価高に苦しむ高齢者にとって、最善の「生活防衛策」になり得ると思う。

◉「日本株配当貴族インデックス・オープン」の組み入れ上位銘柄

コード	銘柄	株価（円）	組み入れ比率（%）
8595	ジャフコグループ	1,656.0	3.18
5444	大和工業	7,473.0	3.16
8130	サンゲツ	3,070.0	2.88
4042	東ソー	1,804.0	2.83
4041	日本曹達	5,440.0	2.81
5020	ENEOSホールディングス	562.6	2.81
5706	三井金属	4,346.0	2.79
5076	インフロニア・ホールディングス	1,409.0	2.62
5857	AREホールディングス	1,958.0	2.59
9513	J-POWER	2,295.0	2.55

（出所）「日本株配当貴族インデックス・オープン」ファンド
（注）組み入れ比率は 2023 年 8 月末時点のもの。株価は 2023 年 12 月 28 日の終値

◉2024～2026年の3年間、株式貯蓄をしてみたい銘柄

コード	銘柄	株価（円）	年間予想配当（円）	年間予想配当利回り（%）
1898	世紀東急工業	1,644.0	90.0	5.5
2676	高千穂交易	3,640.0	137.0	3.8
3597	自重堂	9,950.0	500.0	5.0
5444	大和工業	7,473.0	300.0	4.0
5857	AREホールディングス	1,958.0	90.0	4.6
7433	伯東	5,430.0	280.0	5.2
7638	NEW ART HOLDINGS	1,898.0	100.0	5.3
8595	ジャフコグループ	1,656.0	66.0	4.0
8929	青山財産ネットワークス	1,026.0	41.0	4.0
9104	商船三井	4,544.0	190.0	4.2

（注）掲載はコード順。予想配当利回りは 2023 年 12 月 28 日終値ベースの数値

株貯銘柄①

世紀東急工業（1898）

東急系の道路舗装大手、業績は急浮上

◆盤石の経営基盤、2024年3月期の配当は前期比3倍の90円方針

社名が示すとおり、東急系の道路舗装大手である。筆頭株主は発行済み株式の23・8％を保有する**東急建設**（1720）であり、その親会社である**東急**（9005）も主要株主（発行済み株式の4・0％を保有）である。したがって、時価総額は613億円程度と小粒だが、事業の継続性、経営基盤に問題はないと思う。

まず注目したいのは、2024年3月期の配当を前期比3倍の90円にする方針であることだ。半期ごとの配当45円だけでも、前期の通期実績30円の5割増となる。この大幅増配の背景には、業績の急浮上がある。前期に落ち込んだ純利益は、2024年3月期に3倍近い32億5000万円を見込んでいる。もちろん、これは増額含みであり、利益剰余金は375億円以上ある。

株価は2023年に大きく跳ね上がったが、予想PER（株価収益率）は18倍ほどで割高感はない。予想配当利回りも5％以上ある。押し目買い有利の展開となろう。

◉世紀東急工業（1898）の週足

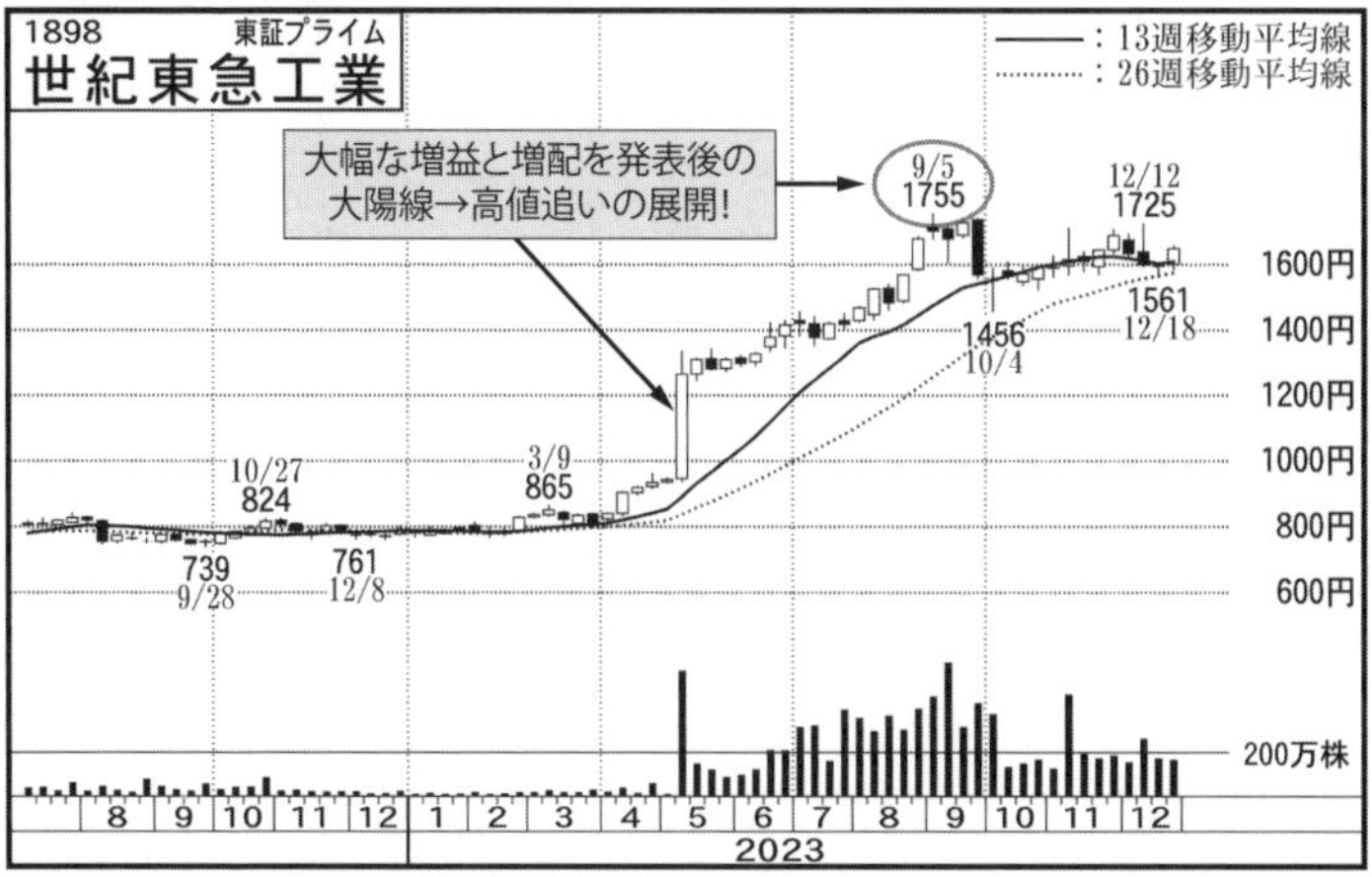

◉世紀東急工業の業績・配当推移

	2022年3月期	2023年3月期	2024年3月期（予）
売上高	85,132 （▲5.4%）	92,414 （＋8.6%）	93,300 （＋1.0%）
純利益	3,304 （▲36.2%）	1,127 （▲65.9%）	3,250 （＋188.4%）
年間配当	30 （▲30.2%）	30 （±0.0%）	90 （±200.0%）

（注）単位＝売上高、純利益は百万円。年間配当は円。（　）は前期比。2024年3月期は会社予想

株貯銘柄 ②

高千穂交易（2676）

増収増益、増配が続く独立系の技術商社

◆ROE8％の達成に向け配当性向100％を経営目標に

クラウドサービスなどに強い独立系の技術商社である。時価総額は371億円規模だが東証プライム銘柄であり、着実に増収増益を続けている。配当も2022年3月期の55円（特別配当15円を含む）が、前期は133円と78円もの大幅増となった。続く2024年3月期も137円（中間53円、期末84円）を実施する計画を明らかにしている。

同社は積極的な株主還元を企図し、3期平均のROE（株主資本利益率）が8％を達成するまで、配当性向100％を維持することを経営目標に掲げている。これを可能にしているのが良好な財務内容であり、利益剰余金が137億円以上あるのに対し、有利子負債は皆無である。

株価は2021年以降、上値、下値をともに切り上げる展開が続いている。3年後どのような姿になっているか、実に楽しみだ。監視カメラ、充電システム（飲食店向け注文タブレット用）などに期待できる。

◉高千穂交易（2676）の週足

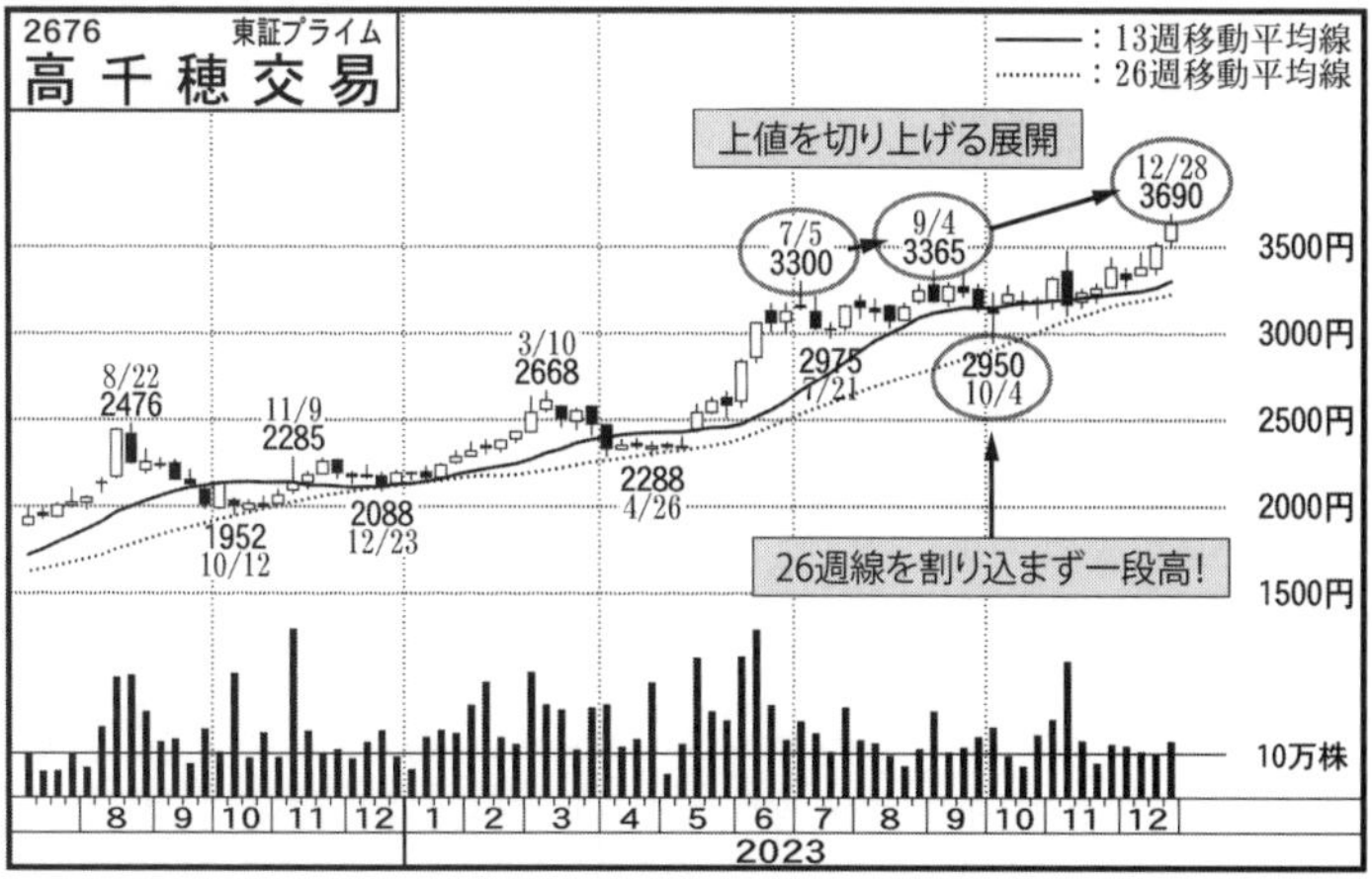

◉高千穂交易の業績・配当推移

	2022年3月期	2023年3月期	2024年3月期（予）
売上高	20,784 （+0.9%）	23,360 （+12.4%）	24,800 （+6.2%）
純利益	878 （+60.2%）	1,205 （+37.2%）	1,249 （+3.7%）
年間配当	55 （+120.0%）	133 （+141.8%）	137 （+3.0%）

（注）単位=売上高、純利益は百万円。年間配当は円。（　）は前期比。2024年3月期は会社予想

株貯銘柄 ③

自重堂（3597）

株主重視の経営を徹底するワーキングウェア大手

◆財務内容のよさに注目、株価1万円でも予想配当利回りは5%

ワーキングウェア（作業服）の大手である。本社は広島県福山市にある。東証スタンダード上場銘柄だが、株主に対する利益還元を経営の重点課題としている。この株主重視の経営方針により、2023年6月期の年間配当を前期比200円増の500円とした。2024年6月期も増配が期待できる。

同社では今後も資本コスト、株価を意識し、業績および企業価値の向上をはかるとしており、このような姿勢は高く評価できる。時価総額はまだ280億円規模だが、利益剰余金は300億円以上あり、有利子負債はゼロという財務内容のよさも光る。健全経営を貫いている。

2023年に6450円でスタートした株価は、その後5ケタの大台に乗せた。1万円でも予想配当利回りは5%もある。1万円割れの下値を拾っていけば、やがて大輪の花が咲くのではないか。

◉自重堂（3597）の週足

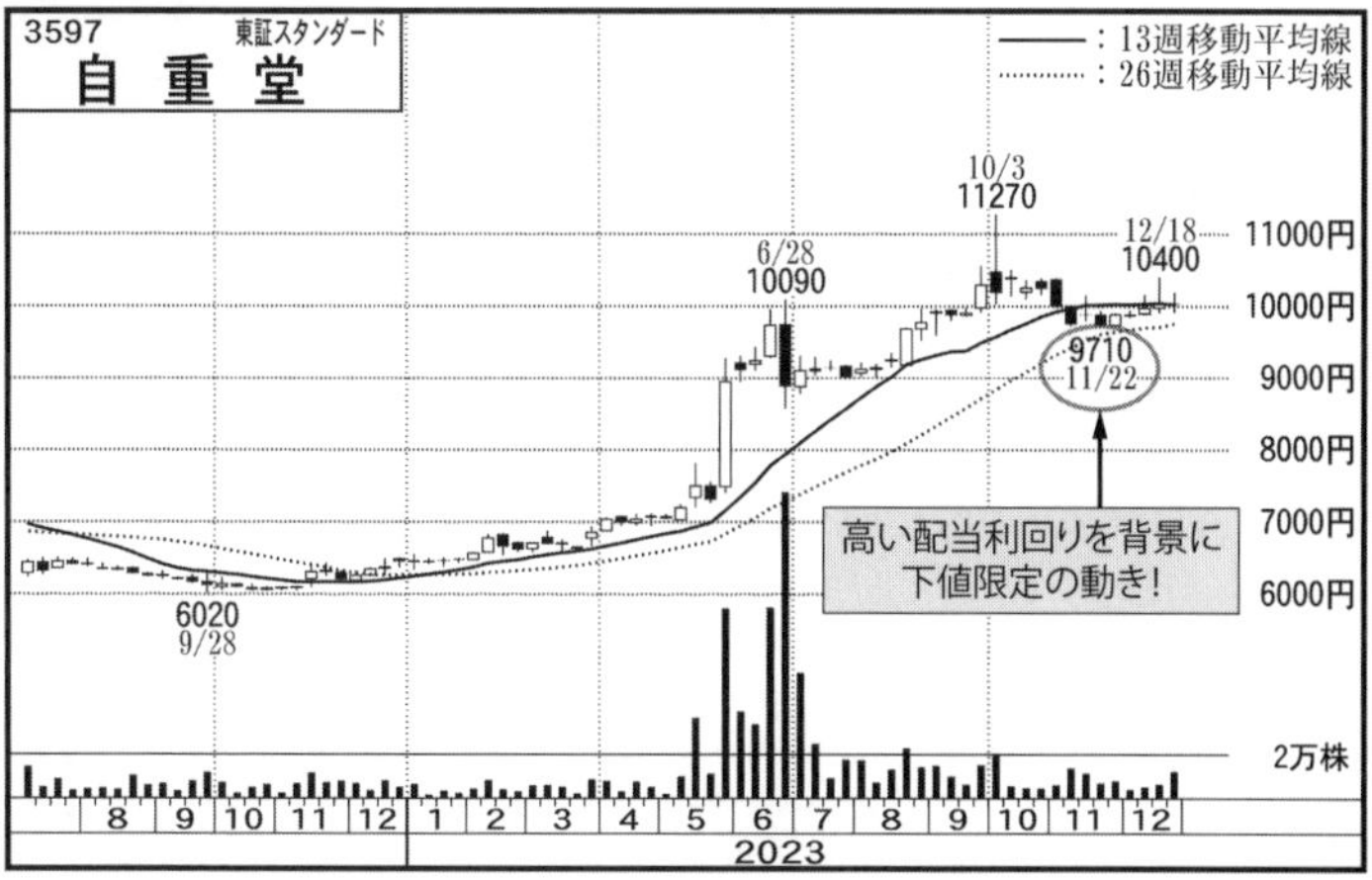

◉自重堂の業績・配当推移

	2022年6月期	2023年6月期	2024年6月期（予）
売上高	16,983 （▲5.0%）	17,742 （＋4.5%）	18,200 （＋2.6%）
純利益	2,835 （＋83.6%）	2,455 （▲13.4%）	2,000 （▲18.5%）
年間配当	300 （±0.0%）	500 （＋66.7%）	500 （±0.0%）

（注）単位=売上高、純利益は百万円。年間配当は円。（　）は前期比。2024年6月期は会社予想

株貯銘柄④

大和工業（5444）

抜群の財務内容が光る電炉の大手メーカー

◆巨額の内部留保を配当に回す姿勢を評価、円安もプラス要因

H形鋼を主力とする電炉の大手メーカーだ。本社は兵庫県姫路市にある。時価総額4800億円規模の東証プライム上場銘柄であり、自己資本比率86・3％、利益剰余金3970億円、有利子負債ゼロとなっている。この好財務を背景に、内部留保を配当に回す姿勢を鮮明にしている。実際、2023年3月期の通期配当は前期比140円増の300円とした。続く2024年3月期も増配含みだ。

業績は海外売上高比率が5割以上あるため、中国、アメリカなどの経済情勢に影響を受ける。ただ、為替の期中平均レートは136円ほどであるため、このところの円安は上方修正要因となる。

株価は、雄大な右肩上がりのチャートを形成している。しかし、予想1株利益が988円もあるため、株価7000円でもPER（株価収益率）は7・1倍にすぎない。PBRはほぼ1倍だ。成長企業との評価である。

◉大和工業（5444）の週足

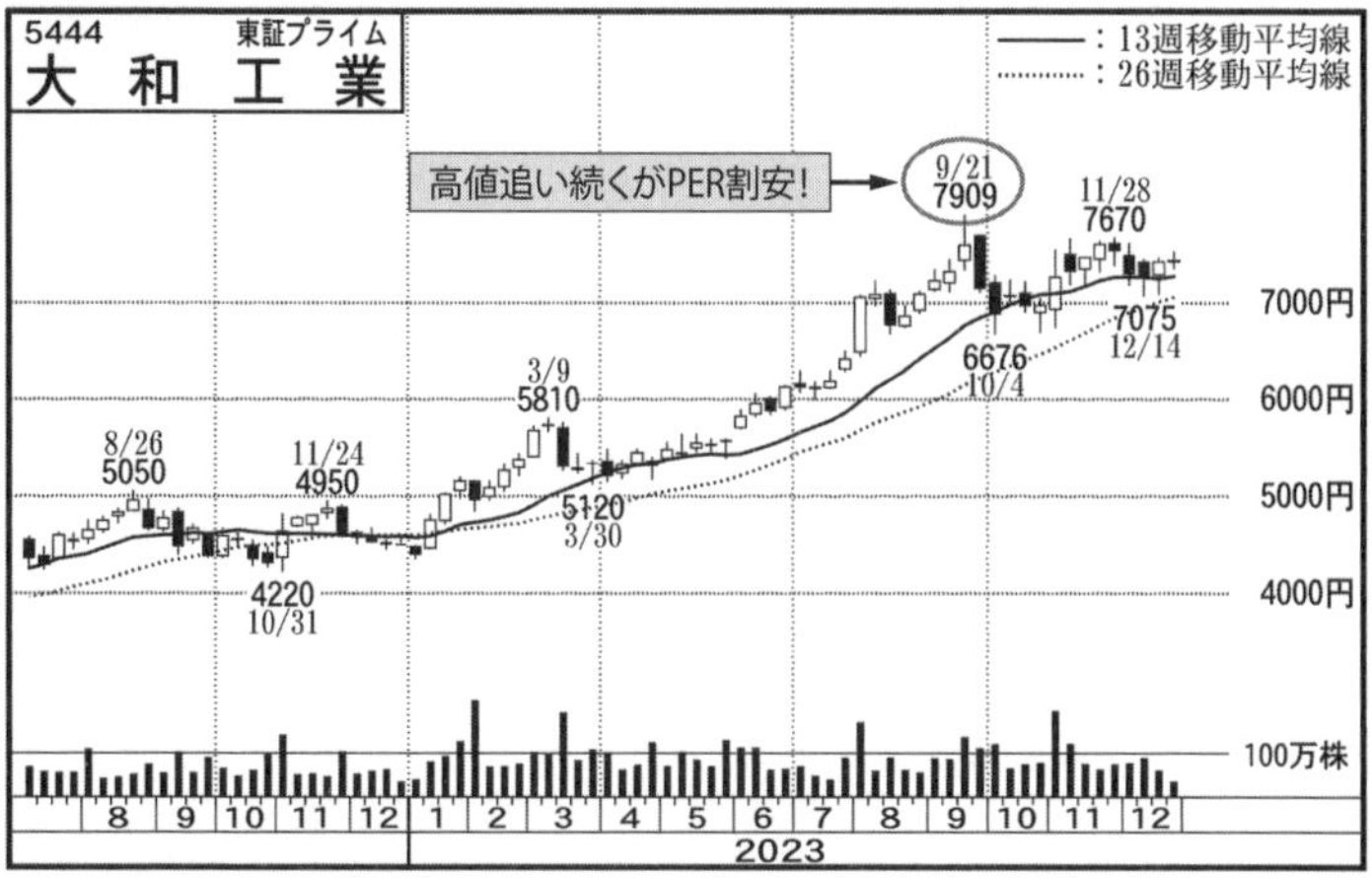

◉大和工業の業績・配当推移

	2022年3月期	2023年3月期	2024年3月期（予）
売上高	150,029 （＋10.3%）	180,438 （＋20.3%）	157,000 （▲13.0%）
純利益	39,917 （＋700.9%）	65,317 （＋63.6%）	63,000 （▲3.5%）
年間配当	160 （＋100.0%）	300 （＋87.5%）	300 （±0.0%）

（注）単位＝売上高、純利益は百万円。年間配当は円。（　）は前期比。2024年3月期は会社予想

株貯銘柄⑤

AREホールディングス（5857）

社名変更で成長路線を目指す貴金属リサイクル大手

◆金価格高騰のメリットを享受、安定配当を堅持

2023年7月、それまでのアサヒホールディングスより社名変更した。旧社名時代は、ビール会社と間違えられることがあった。AREのAはAsahi、RはResources、EはEnvironmentの頭文字を表し、「エイ・アール・イー」と読む。同社は2009年の会社設立以来、貴金属のリサイクル事業を手がけてきたが、この社名変更には環境保全事業に取り組む姿勢が込められている。

経営の柱である貴金属リサイクル事業は、金価格の高騰を受けて販売量が増えており、北米の精錬事業も手数料の上昇などで前期は大幅増収となった。2024年3月期はその反動もあって減収予想だが、純利益は逆に2割増が見込まれている。配当については配当性向40%をメドとし、目減りさせないことを方針とする。

直近株価1900円近辺に対する予想配当利回りは4・7%であり、押し目買いに妙味があろう。

◉AREホールディングス(5857)の週足

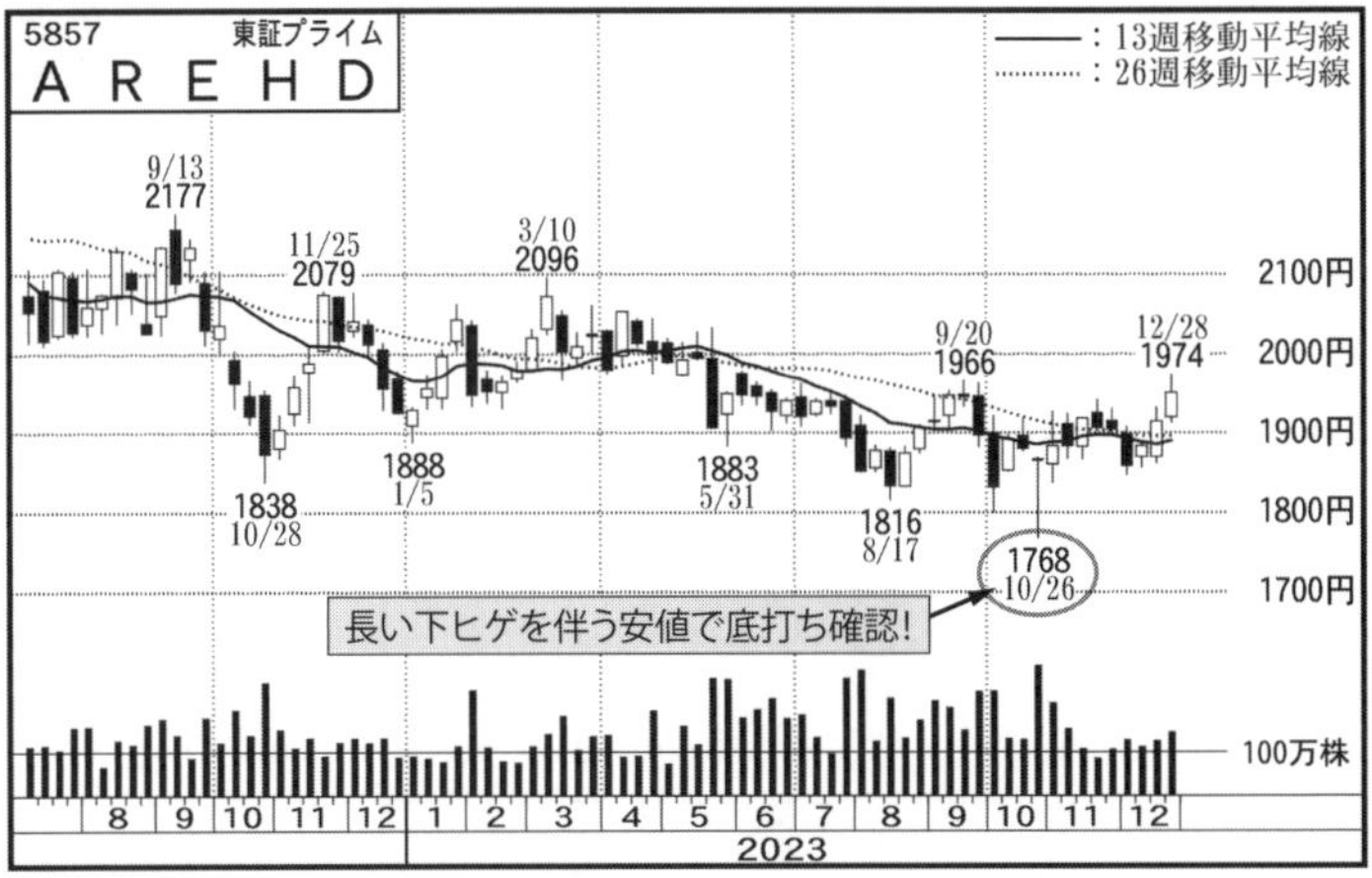

◉AREホールディングスの業績・配当推移

	2022年3月期	2023年3月期	2024年3月期（予）
売上高	192,442 （＋16.8%）	292,449 （＋52.0%）	290,000 （▲0.8%）
純利益	18,735 （▲27.2%）	10,929 （▲41.7%）	13,200 （＋20.8%）
年間配当	90 （＋5.9%）	90 （±0.0%）	90 （±0.0%）

（注）単位＝売上高、純利益は百万円。年間配当は円。（　）は前期比。2024年3月期は会社予想

株貯銘柄⑥

伯東（7433）

株主重視の経営を明確にするハイテク商社

◆前期は120円の大幅増配を実施、総還元性向100％を目標とする

半導体を柱とする独立系のハイテク商社だ。売上高の85％を電子部品が占めている。時価総額1250億円規模の東証プライム上場銘柄であり、海外売上高比率は40％となっている。主要取引先は**パナソニックホールディングス（6752）**、**富士通（6702）**など大手電機メーカーである。

株主重視の経営を進めている。2023年3月期は大幅増収増益を背景に、年間配当280円（前期比120円の増配）を実施した。9月中間期に120円、3月期末に160円を配当したが、この配当金総額は52億9200万円に達する。2024年3月期の年間配当は280円を維持する方針だが、同社では2025年3月期までの中期経営期間中、配当と自社株買いにより、総還元性向100％を目標とする株主還元を計画している。株価は押し目を入れながら上値を切り上げており、長期的な投資には期待が持てると思う。

◉伯東（7433）の週足

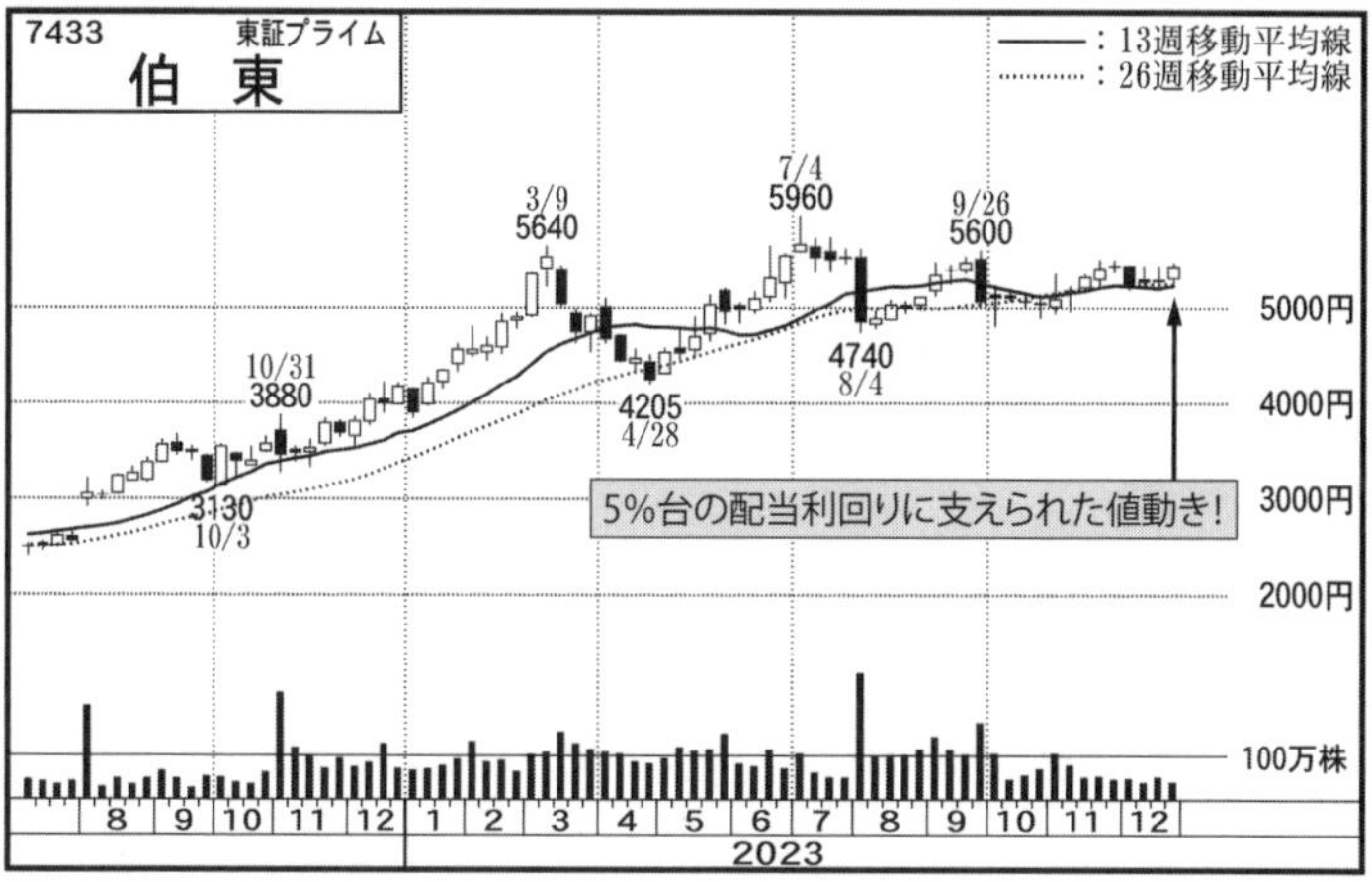

◉伯東の業績・配当推移

	2022年3月期	2023年3月期	2024年3月期（予）
売上高	191,495 （＋15.8%）	233,624 （＋22.0%）	190,000 （▲18.7%）
純利益	4,970 （＋62.2%）	8,929 （＋79.7%）	5,400 （▲39.5%）
年間配当	160 （＋166.7%）	280 （＋75.0%）	280 （±0.0%）

（注）単位＝売上高、純利益は百万円。年間配当は円。（　）は前期比。2024年3月期は会社予想

株貯銘柄⑦

NEW ART HOLDINGS（7638）

アートの力は会社の未来を創造、多様なビジネスを展開中

◆主力のブライダルジュエリーが好調、絵画ブームも後押し

1994年創業の同社は、ブライダルジュエリーの製造・販売をスタートさせ、その後アート・オークション事業などさまざまなビジネスを展開している。アートの力で会社の未来を創造していくことを使命とする同社は、創業者の白石幸生会長のもと、着実に業績を伸長させている。中国に強い。2024年3月期は前期に続き、2ケタ増収増益を見込む。

注目されるのは、世界的な絵画ブームに乗る形で国内外にギャラリーを開設し、画家の発掘（新人、物故した画家を世に出す努力）、支援など画廊ビジネスを積極化させている点である。また、地価上昇を続ける長野県の軽井沢に時価70億円の不動産を保有、多額の含み益が発生していることも評価できる。

1900円の株価は予想配当利回り5・3％に相当する。株価は上値指向を強めている。会社側はIR（株主向け広報）活動に熱心である。

◉NEW ART HOLDINGS（7638）の週足

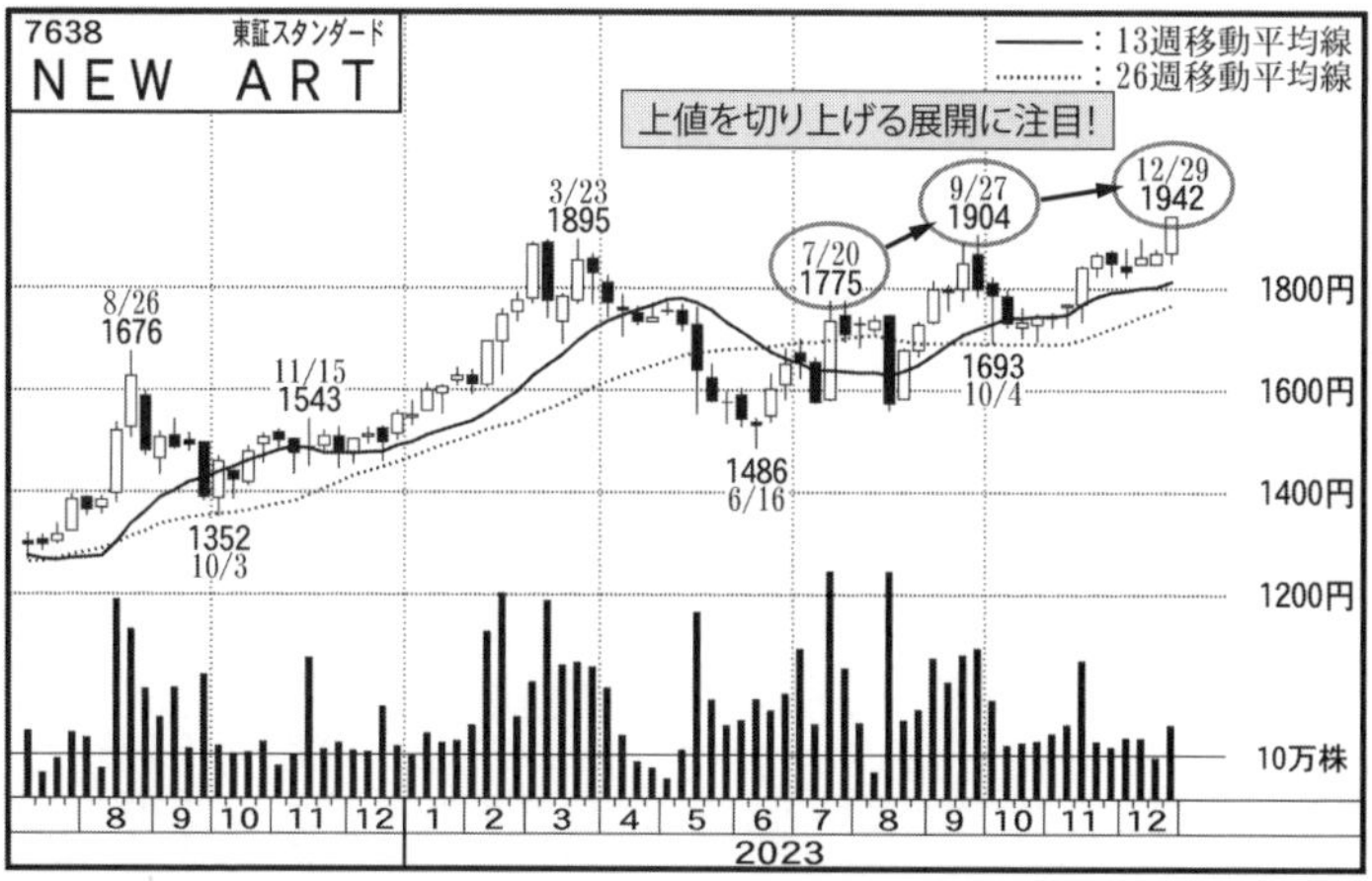

◉NEW ART HOLDINGSの業績・配当推移

	2022年3月期	2023年3月期	2024年3月期（予）
売上高	18,722	21,463	23,700
	（▲1.1%）	（＋14.6%）	（＋10.4%）
純利益	1,479	1,727	2,000
	（＋31.3%）	（＋16.8%）	（＋15.8%）
年間配当	75	100	100
	（＋50.0%）	（＋33.3%）	（±0.0%）

（注）単位=売上高、純利益は百万円。年間配当は円。（　）は前期比。2024年3月期は会社予想

株貯銘柄⑧

ジャフコグループ（8595）

ベンチャーキャピタルの専業最大手

◆前期配当は約3倍増、配当貴族株ファンドの組み入れ上位銘柄

１９７３年に日本合同ファイナンス株式会社として設立され、その後、日本で初めて投資事業組合を設立した。現在の社名に変更されたのは２０２０年10月だが、これ以降もベンチャーキャピタルの専業最大手として投資の幅を広げている。外国人の持ち株比率は41・２％に達する。

世の中に必要とされる新しい事業の創造・発展に、同社の存在（ファンドによる投資）は欠かすことができない。業績はその事業特性により、国内外の株式市場、新規上場市場の影響を強く受ける。この点、**ソフトバンクグループ（9984）**と似ている。したがって、業績のブレ、収益水準の振幅は大きくなる。

それでも２０２３年3月期の配当は、前期比ほぼ3倍の１５０円を実施した。２０２４年3月期も66円程度は見込めると思う。株価は２０２３年10月の１４８８円で底打ち、戻り基調に転じている。下値は丹念に拾っていきたい。

◉ジャフコグループ(8595)の週足

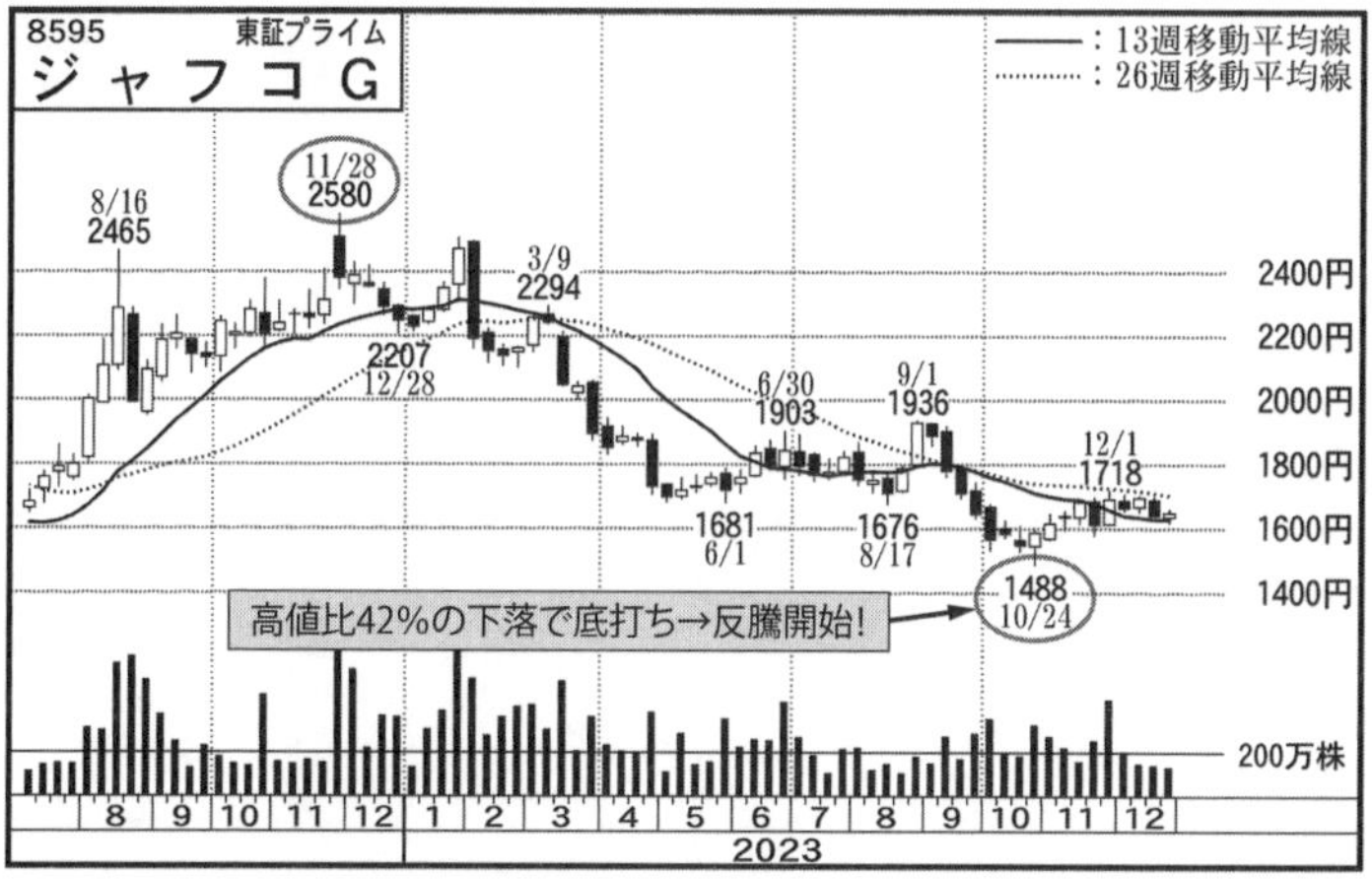

◉ジャフコグループの業績・配当推移

	2022年3月期	2023年3月期	2024年3月期(予)
売上高	27,677 (＋28.7%)	14,073 (▲49.2%)	17,000 (＋20.8%)
純利益	15,080 (▲60.8%)	40,571 (＋169.0%)	5,500 (▲86.4%)
年間配当	51 (＋10.9%)	150 (＋194.1%)	66 (▲56.0%)

(注) 単位=売上高、純利益は百万円。年間配当は円。(　)は前期比。2024年3月期は筆者予想

株貯銘柄⑨

青山財産ネットワークス（8929）

12期連続増配中のコンサル、資金運用会社

◆業績堅調、首都圏での不動産証券化ビジネスにも注力中

富裕層の資金運用、相続コンサルティングを事業の柱とするが、近年は不動産証券化ビジネス（アドバンテージクラブ、デジタル証券）などにも注力している。業績は極めて堅調である。２０２１年12月期に続き、２０２２年12月期も大幅増収増益を達成した。２０２３年12月期の純利益はほぼ20億円と、２ケタ増益が見込まれている。

特筆すべきは配当実績だ。実に12期連続増配を続けている。同社では、継続的に企業価値を向上させ増配することが株主の期待に応えることと認識しており、２０２３年12月期は、当初予想の38円を41円に3円引き上げている。これにより、配当性向は50・４％となる。配当性向は「50％」をメドとする。

２０２３年の株価は１１００円を中心とする展開だったが、２０２１年には１５４４円まで買われたこともある。ここにきて、外国人の買いが入っている。間接的に、首都圏に多くのビルを保有、それを評価しているのだろう。

◉青山財産ネットワークス（8929）の週足

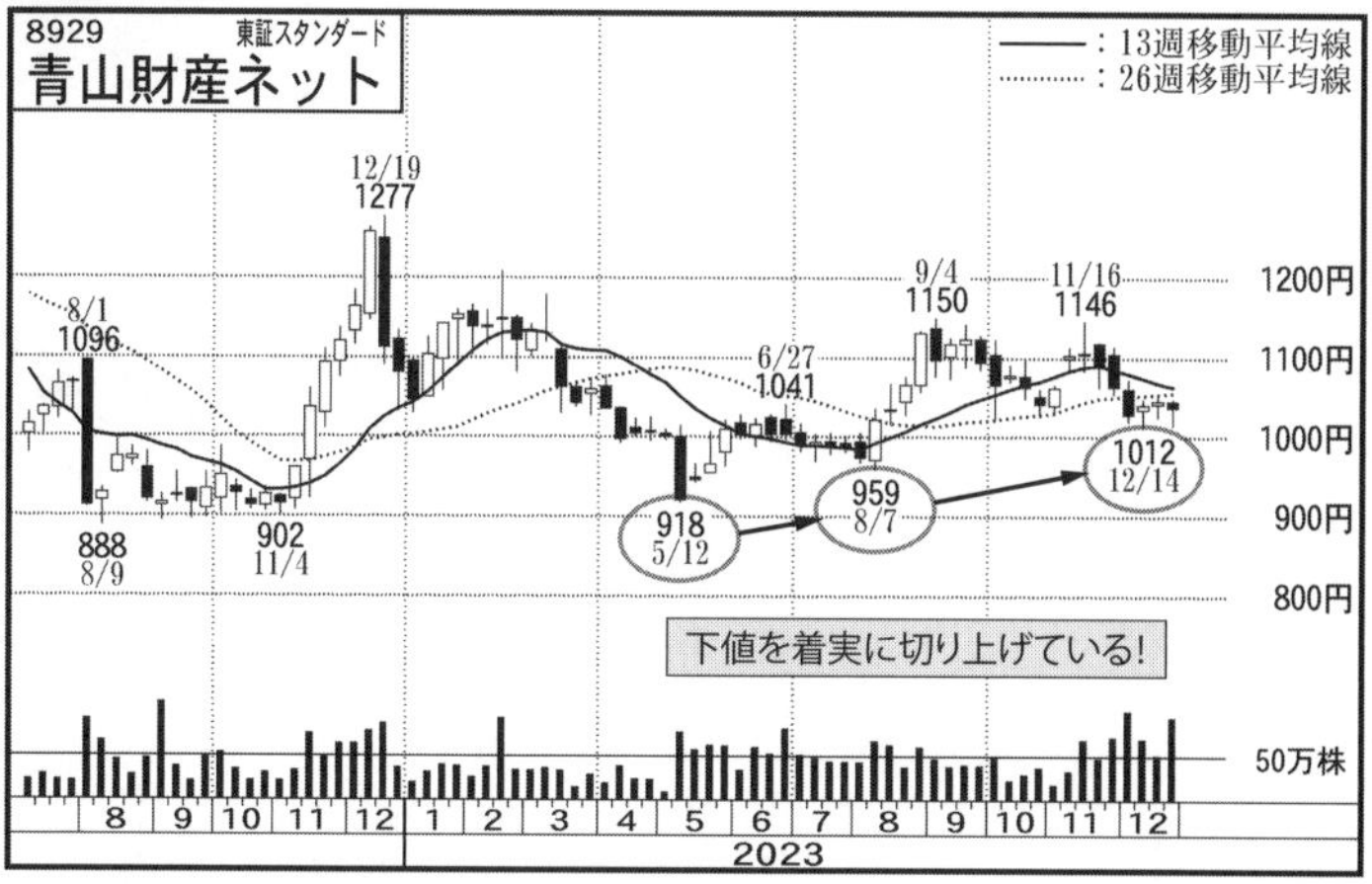

◉青山財産ネットワークスの業績・配当推移

	2021年12月期	2022年12月期	2023年12月期（予）
売上高	24,213 （＋26.7%）	35,952 （＋48.5%）	37,400 （＋4.0%）
純利益	1,481 （＋85.1%）	1,694 （＋14.4%）	2,040 （＋20.4%）
年間配当	28 （＋5.7%）	35 （＋25.0%）	41 （＋17.1%）

（注）単位＝売上高、純利益は百万円。年間配当は円。（　）は前期比。2023年12月期は会社予想

株貯銘柄⑩

商船三井（9104）

安定収益型の事業に注力する海運大手

◆株主優遇姿勢を堅持、海運市況も底練り離脱

海運大手3社のなかでは、株貯銘柄の筆頭格と見ている。ご承知のとおり、海運大手3社はコロナ禍によるコンテナ運賃の急騰で巨額の利益を得た。商船三井も2023年3月期の純利益が7960億円強と前期に続いて空前の利益を得たが、2024年3月期はその反動で73％弱の減益を予想する。ただ、ここにきて自動車輸送船（対米輸出は3割増）の運賃が高騰するなど、市況が持ち直してきている。

海運大手3社のなかで株貯銘柄の最上位としているのは、安定収益型の事業に注力している点を指摘できる。同社では、将来的に不動産など非海運事業の比率を30％に高める経営計画を策定した。加えて、2026年3月期までの最低配当を150円とし、配当性向30％に応じて増配することを発表している。

2023年の株価は想像以上の強さを発揮したが、2024年以降も押し目を買う姿勢で臨みたい。ビル賃貸大手のダイビルを傘下に持ち、保有不動産の価値は膨大である。

◉商船三井（9104）の週足

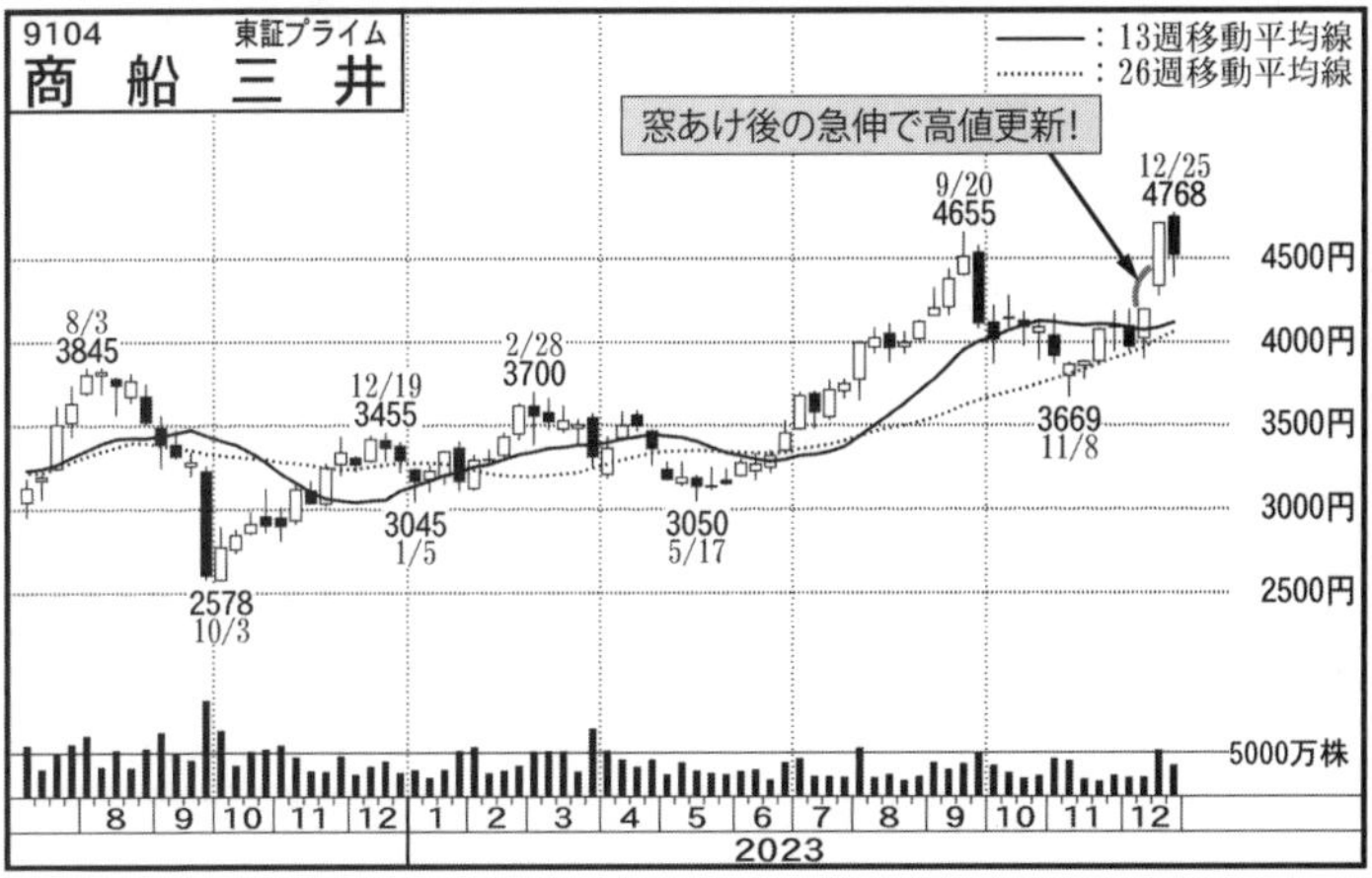

◉商船三井の業績・配当推移

	2022年3月期	2023年3月期	2024年3月期（予）
売上高	1,269,310 （＋28.0%）	1,611,984 （＋27.0%）	1,590,000 （▲1.4%）
純利益	708,819 （＋687.1%）	796,060 （＋12.3%）	220,000 （▲72.4%）
年間配当	400 （＋700.0%）	560 （＋40.0%）	190 （▲66.1%）

（注）単位=売上高、純利益は百万円。年間配当は円。（　）は前期比。2024年3月期は会社予想

コラム……05

逆境に立ち向かってこそ、道は開ける

（他社の不祥事のダメージを克服する企業！）

人生は順風満帆のときばかりではない。いや、逆境、苦難の連続だ。しかし、その逆境に立ち向かい、克服してこそ、道は開ける。株式投資も同じだろう。むしろ、右肩上がりの上昇局面は少ない。波乱の連続である。だからこそ、トレンドを重視し、長期的な視点を持つことが重要になる。

企業経営もときに、思わぬアクシデントに見舞われる。ビッグモーターの不祥事は、同業の中古車買い取り、販売、オークション業者に大きなダメージ（風評被害）を与えた、とみられている。

マスコミは、「みんな同じようなことをやっているのではないか」と、アラ探しを始めたのだ。しかし、実際は違う。**ユー・エス・エス（4732）**、**IDOM（7599）**などは健全経営を貫いている。逆に、ビッグモーターの不祥事発覚後、粗利が向上し、出品車数が増えたという。

もちろん、足元の業績は好調だ。ユー・エス・エスは、2024年3月期に24期連続の増配に進む。

給食サービス業界は2023年の夏、ホーユーの経営破たんに揺れた。同社は「かなり無理な経営を行なっていた」といわれている。すなわち、採算無視の安値受注である。言葉を変えると、「安かろう、悪かろう」だ。衛生面、品質面に加え、事業の継続性がなおざりにされていた、と思う。

日本M&Aセンターホールディングス（2127）は、営業員の不祥事に直撃された。株価は2020年12月の高値3,785円が5分の1近くに売り込まれた。しかし、苦節3年を経て、ようやく復活を遂げつつある。会社側は株価を意識している。

巻末
特別付録

2024年の「市場別」勝負銘柄！

2024年の干支は、
最も縁起の良いとされる辰年である。
東証プライム、スタンダード、グロースの
各市場別に昇り龍のごとく
上昇しそうな銘柄を探してみた。

「辰巳天井」のジンクスどおりの急騰劇が展開される！ 2024年の日経平均株価は年末に4万円の大台乗せ

◆ダイナミックな上げ下げを想定、リスクオンになりやすい相場環境

古来、兜町では「辰巳《たつみ》天井」と形容されるが、辰年の2024年は日経平均株価が1989年12月29日の史上最高値を奪回するのは間違いないと思う。さて、2024年相場のシナリオだが、2023年の日経平均株価が2万5661円（ザラバベース）の安値圏のスタートだったのに対し、3万3193円の高値ゾーンでの幕開けとなった。

1月12日には3万5839円まで上昇した。しかし、機関投資家、法人は3月の決算期末を迎える。この時期（2～3月）は買い物が入りづらい。外国人は3月、9月に売り越す季節性（配当取りによる二重課税を嫌う）がある。したがって、「節分天井・彼岸底」のパターンになる。

しかし、4月に入ると、新営業年度入りとなる。3月にリバランス（ポートフォリオの組み替え）を終えた機関投資家は、4月第2週以降、本格的に買い出動する。

●日経平均株価（2024年）の予想イメージ

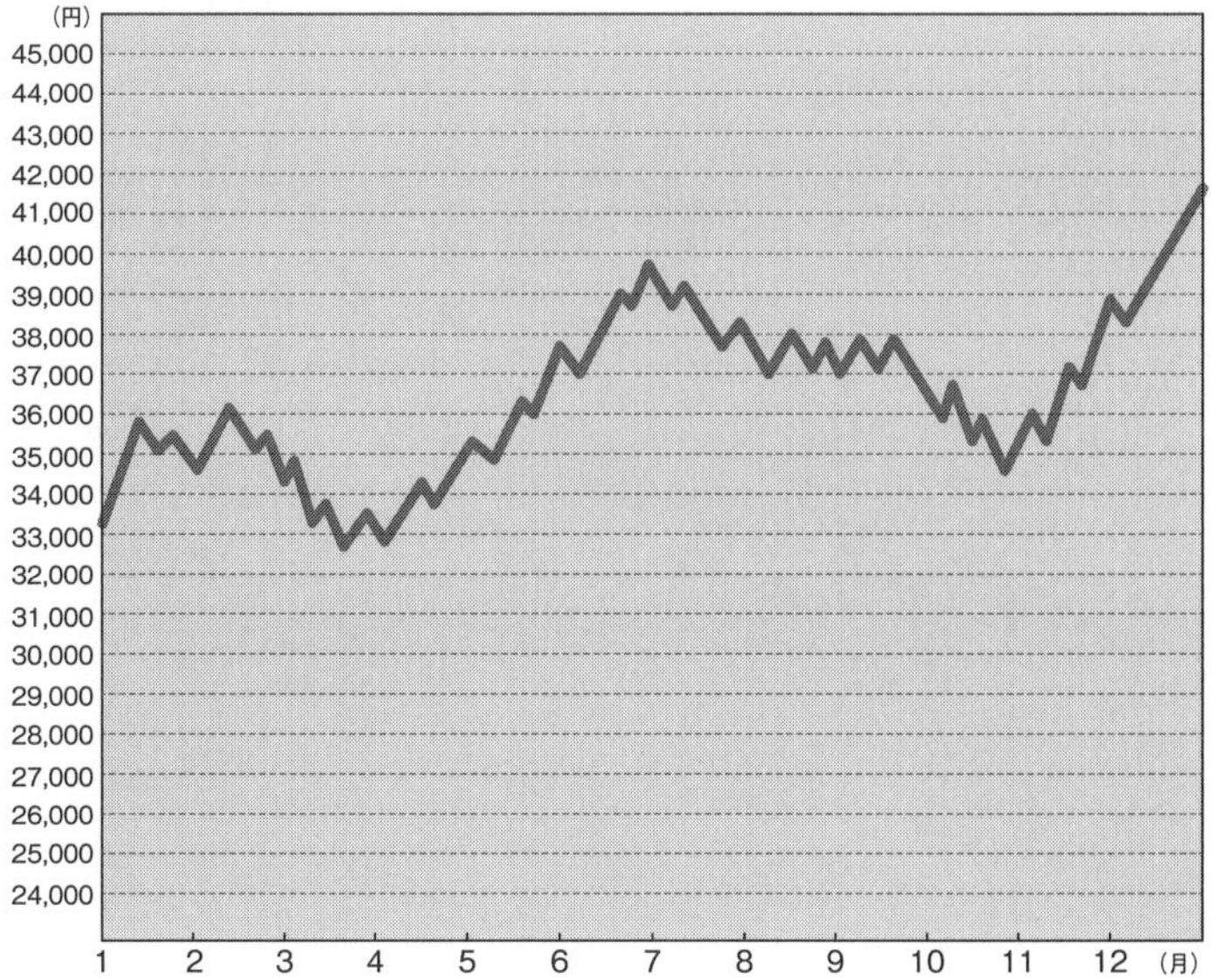

外国人は「セル・イン・メイ」「セル・イン・ジューン」の教えにしたがい、5～6月は売られた安値を買う。しかし、7～8月はサマーバカンスだ。買いの手は徐々に細ろう。加えてアメリカは大統領選挙が本番を迎え、日本は岸田政権の支持率が「危険水域」の状況下、秋の自民党総裁選をにらみ解散風が吹くだろう。

その後は日米ともに政治の方向が見え、この時点では地政学上のリスクがほぼ消えていると思う。すなわち、再びリスクオンの展開になる。いずれにせよ、2024年相場は年間を通してみると、明るい展開が想定される。日経平均株価は年末、4万円の大台に乗せるだろう。

■政治、地政学上のリスクをこなし大活躍が見込める銘柄群

2024年の懸念材料としては地政学上のリスク、円高圧力、中国景気の低迷継続、商業用不動産の価格下落、トランプ大統領の再登場などが指摘されている。ただ、ウクライナ情勢、中東紛争については、VIX（恐怖）指数、原油（WTI）市況が落ち着いている。オイルショックの引き金になった昔の中東戦争とは違う。

中国景気に関しては確かに、不動産バブル崩壊のダメージは大きい。しかし、中国は共産党一党独裁の国だ。デフレは〝国体〟を危うくする。それは避けるだろう。実際、2023年秋にIMFは2024～2025年の経済見通しを上方修正したばかりである。商業用不動産の欧米銀行の融資残高は500兆円に達する。アメリカではオフィスビル中心に空室率が20％に高まっている、といわれている。価格下落も著しい。ただ、この問題は2022年以降、折に触れていわれてきたことではないか。

やっかいなのはトランプ氏の大統領再選だ。現状では民主党のバイデン氏よりも支持者が多い。トランプ氏は前の大統領時代、西側同盟国との関係をぶち壊した。その再現があるのか。

大統領選挙は2024年11月だ。とりあえず、ここはその前に手堅く利を積み上げておく作戦をお勧めする。

◉「市場別」勝負銘柄の値動き

市場	コード	銘柄	2023年始値（円）	2024年直近値（円）	上昇率（%）	期待度
東証プライム	8035	東京エレクトロン	12,780.0	24,005.0	87.8	本命
	6501	日立製作所	6,357.0	10,170.0	60.0	対抗
	9336	大栄環境	1,904.0	2,499.0	31.3	大穴
東証スタンダード	7254	ユニバンス	362.0	533.0	47.2	本命
	2780	コメ兵ホールディングス	2,587.0	4,215.0	62.9	対抗
	7161	じもとホールディングス	440.0	552.0	25.5	大穴
東証グロース	5253	カバー	1,750.0	2,825.0	61.4	本命
	5587	インバウンドプラットフォーム	2,551.0	1,586.0	▲37.8	対抗
	2986	ＬＡホールディングス	3,285.0	4,425.0	34.7	大穴

（注）上昇率は、2023年始値 → 2024年1月4日終値の数値

以上のような２０２４年の相場シナリオ、リスク要因を踏まえ、「市場別」勝負銘柄を選んでみた。時価総額が大きく優良株の多い東証プライム市場の銘柄に加え、全般相場が低迷したときでも、東証スタンダード、東証グロース市場には急騰する銘柄が多数出現する。

なお、今回の企画では、目標株価の目安として、手堅く20％以上の上昇が見込めるものを本命（★★）、30％以上の値上がりが期待できるものを「対抗」（★★★）、リスクはあるが40％以上の上昇を目指しているものを「大穴」（★★★★）とした。銘柄選定の参考にしていただければ幸いである。

東証プライム

★★
本命
候補銘柄

東京エレクトロン（8035）

新しい成長ステージに突入した半導体製造装置の雄！

◆2030年、世界の半導体需要は195兆円に急拡大

半導体産業は新しい成長ステージに突入しようとしている。それをけん引するのはEV（電気自動車）、自動運転などに加え、生成AI（人工知能）、AIサーバー、GPU（画像処理半導体）、HBM（広帯域メモリ）など技術革新分野の需要急増である。

第4章でも述べたが、世界の半導体需要は、2030年に現在の2倍の1兆3500億ドル（約195兆円）に拡大するという。

日本の半導体製造装置メーカーは、世界3位の東京エレクトロンをはじめ、**ディスコ（6146）**、**アドバンテスト（6857）**、**東京精密（7729）**、**SCREENホールディングス（7735）**などがメリットを享受できる。

台湾のTSMCが熊本に、PSMCが宮城に、ラピダスが北海道に工場を建設する。さらに、韓国のサムスンなどが増産の構えを見せている。

◉東京エレクトロン（8035）の週足

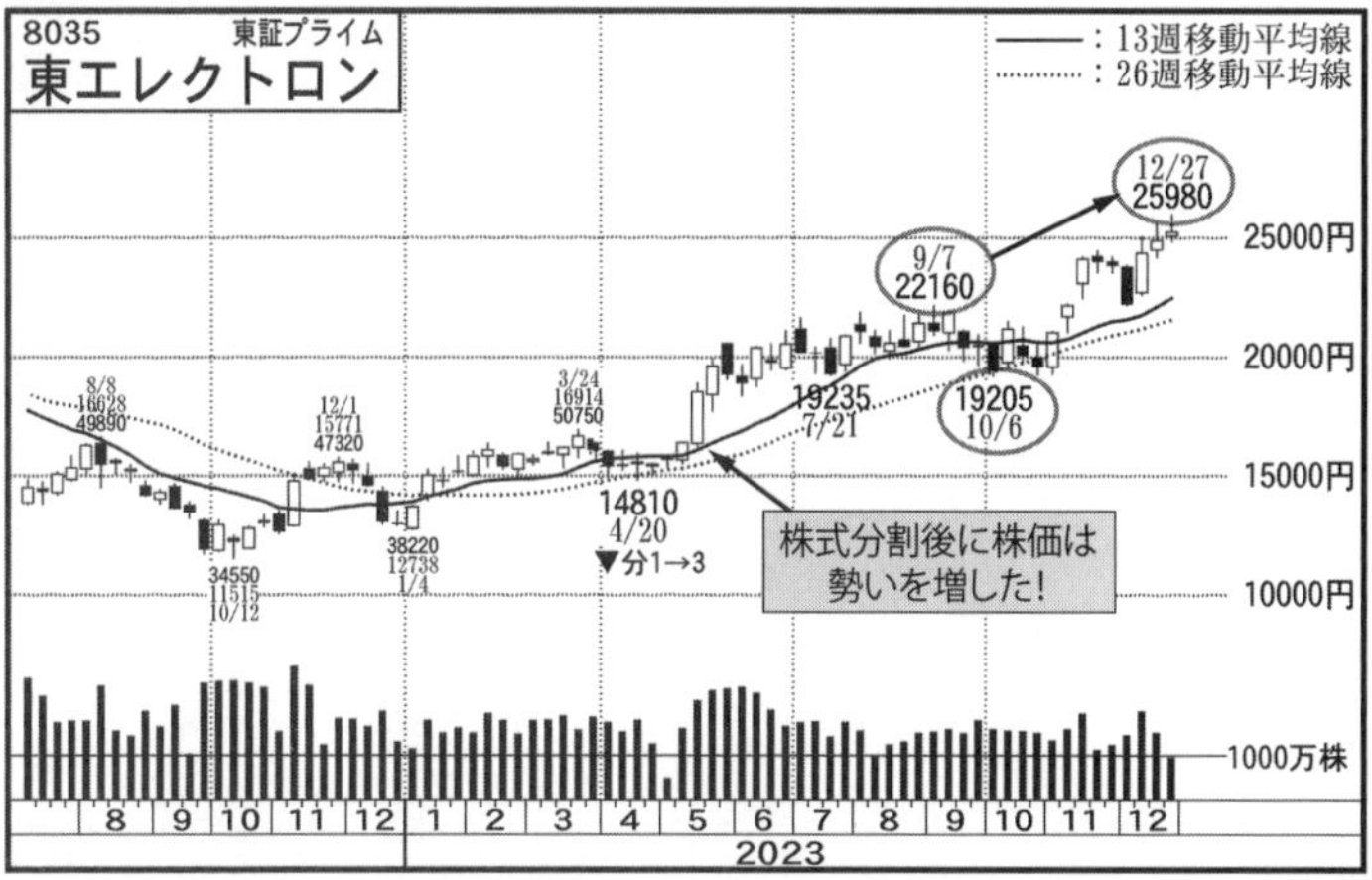

◆強い動きに乗る　12,780円でスタートした2023年の株価は、5月29日にザラバで2万円台に乗せ、その後7月4日の21,630円、9月7日の22,160円と上値を切り上げた。10月6日に19,205円まで反落したが、12月27日には25,980円と一気に高値を更新している。年初以降の上昇率は103.3%に達するが、この強い動きは2024年も継続するだろう。

■ターゲット・プライス■

直近株価＝24,005円 ➡ 2024年の目標株価＝28,805円

■データ■

▶5年来安値＝**3,865円**（19/1）　▶5年来高値＝**25,980.0**（23/12）

▶予想配当利回り＝**1.4%**　▶予想PER＝**36.3倍**

▶2024年3月期の予想純利益（前期比）＝**3,070億円**（▲34.9%）

東証プライム
★★★
対抗
候補銘柄

日立製作所（6501）

総合電機、重電業界のリーディングカンパニー！

◆子会社再編に注力、多彩な事業展開が市場の評価を得る

総合電機、重電業界の〝雄〟的な存在である。子会社再編を積極的に進めている。株価は1万円台に乗せ、その実力をいかんなく発揮している。

生成AIなど最先端分野に注力するとともに、得意のインフラ（社会資本）整備事業に意欲的に取り組んでいる。鉄道プロジェクトなどだ。ITビジネスは成長が加速する。

業績は好調だ。2023年3月期は2ケタ増益（純利益）を達成した。2024年3月期は子会社の売却があって減収減益予想だが、2025年3月期は増益基調を維持できる。

利益率は確実に高まっている。まさに「選択と集中」の成果である。1株利益は2024年3月期が560円、2025年3月期が580円がらみとなろう。配当は2021年3月期が105円、2022年3月期が125円、2023年3月期が145円と連続増配を続けている。2024年3月期は165円（筆者予想）となろう。

◉日立製作所（6501）の週足

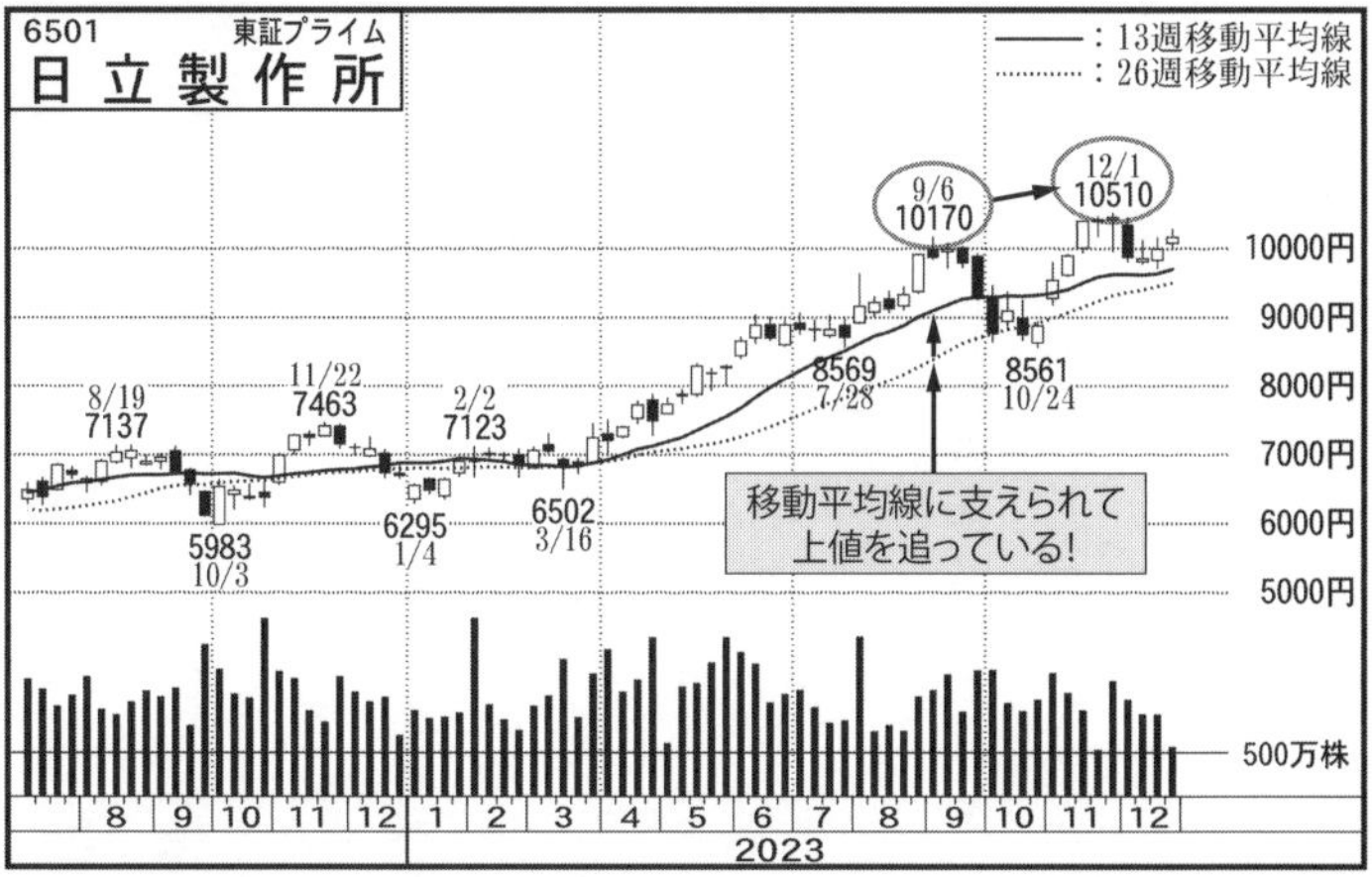

◆押し目買いに妙味　2023年の株価は6,357円でスタートし、大発会のこの日6,295円の安値をつけた。しかし、その後は3月9日の7,305円、6月14日の9,041円、9月6日の10,170円と高値を切り上げた。10月24日には全般相場反落の影響で8,561円まで下げたが、12月1日には10,510円と勢いを取り戻している。ジリ高が期待できる。

■ターゲット・プライス■

直近株価＝10,170円 ➡ 2024年の目標株価＝13,220円

■データ■

- ▶5年来安値＝**2,524円**（20/3）
- ▶5年来高値＝**10,510円**（23/12）
- ▶予想配当利回り＝**1.6%**
- ▶予想PER＝**18.2倍**
- ▶2024年3月期の予想純利益（前期比）＝**5,200億円**（▲19.9%）

東証プライム
★★★★
大穴
候補銘柄

大栄環境（9336）

廃棄物の一貫処理体制に強みを持つ有望銘柄！

◆将来を見据えた布石を評価、業績堅調

産業・一般廃棄物の収集、中間処理、最終処分と一気通貫の体制なのが強みである。廃棄だけではない。汚染土壌の再資源化、処分なども行なっている。**イボキン（5699）**、**ミダックホールディングス（6564）**、**成友興業（9170）**など、このセクターは引き続いて成長が期待できる。

日本には1960～1980年代に建設されたビル、道路、橋梁などが大量に存在する。これらの多くが更新需要期を迎えている。このため、「需要は50年分以上ある」（業界筋）という。

さらに、家電製品、自動車などの排出が課題になっている。大栄環境は許認可取得が難しい大型の熱処理施設、最終処分地（利益率が高い）を自社で所有している。もちろん、三重県伊賀市でのメタン発酵施設、兵庫県三木市のバイオマスファクトリーなど、将来の布石は怠りない。2024年3月期は減価償却負担をこなし、純利益は前年比2ケタ増益予想である。

◉大栄環境（9336）の週足

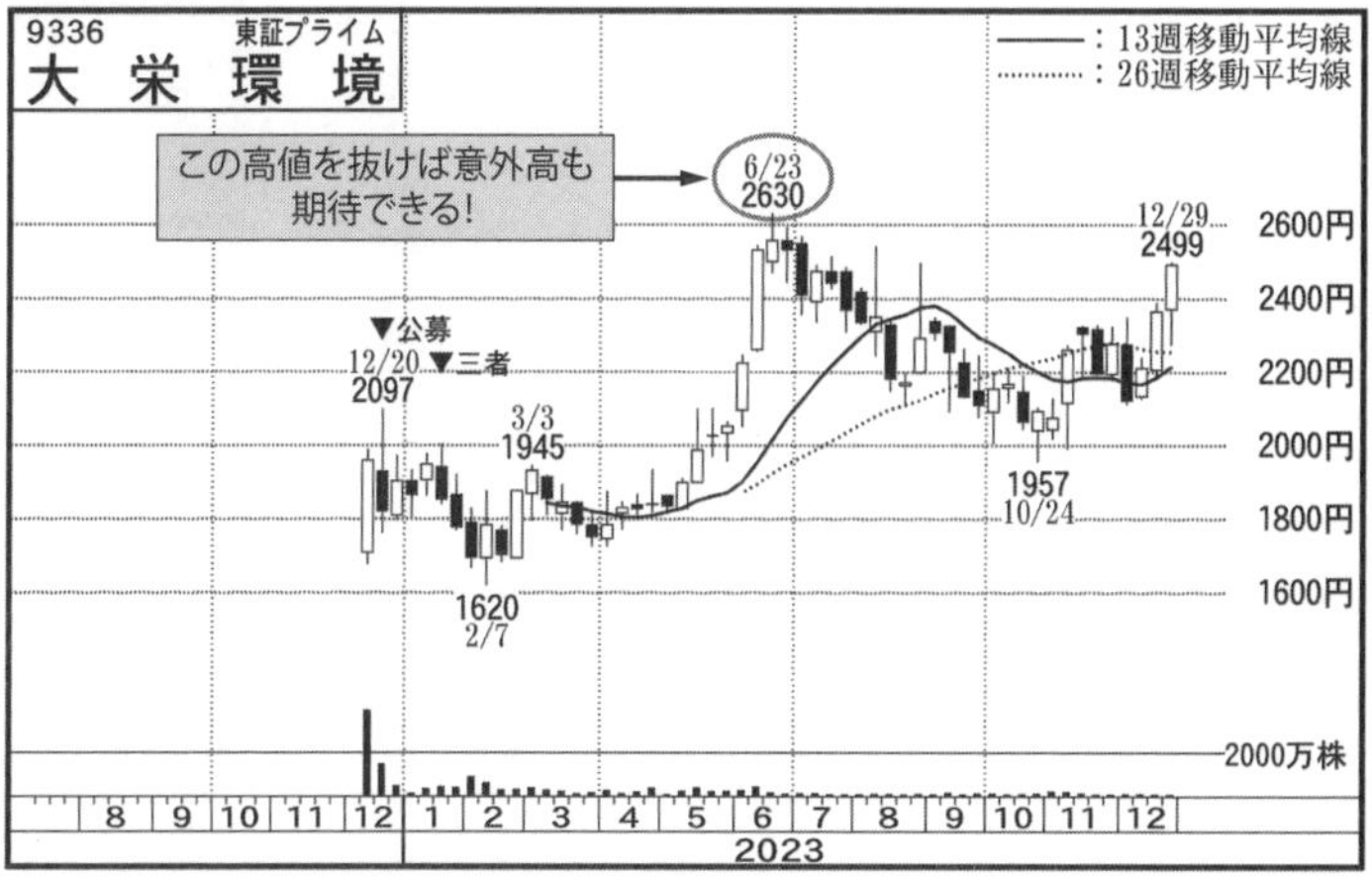

◆**上場来高値奪回後の一段高を狙う**　2022年12月14日に新規上場し、初値1,710円をつけた。翌2023年2月7日に1,620円まで下げたが、その後切り返し、同年6月23日には2,630円まで買われている。時価はこの上場来高値より5%ほど安い2,500円近辺で推移しているが、2024年は高値奪回→一段高が期待できよう。

■ターゲット・プライス■

直近株価＝2,499円 ➡ 2024年の目標株価＝3,500円

■データ■

▶5年来安値＝**1,620**円（23/2）　▶5年来高値＝**2,630**円（23/6）

▶予想配当利回り＝**1.6**%　▶予想PER＝**20.0**倍

▶2024年3月期の予想純利益（前期比）＝**124.51**億円（+18.6%）

東証スタンダード

★★
本命
候補銘柄

ユニバンス（7254）

切り口多彩な日産自動車系の部品メーカー！

◆2024年3月期の最終利益は115・7%増、株価は出遅れ顕著

この市場の本命候補銘柄としては好業績、テーマ性内包の**南海化学（4040）**、**nmsホールディングス（2162）**、業績急浮上、かつ株価が深押し（2023年8～12月に株価が急落）の**ゲームカード・ジョイコホールディングス（6249）**などが頭に浮かぶ。

随分と迷ったが、最終的にはユニバンスに落ち着いた。この銘柄の切り口は多彩である。同社は**日産自動車（7201）**系の部品メーカー（ミッション、アクスルが主力）だが、資本関係はない。その昔、カルロス・ゴーン社長時代、保有株はすべて売られてしまった。しかし、これは第2章でも触れたが、政策投資（持ち合い解消）の売りが発生しないことを意味する。

業績は絶好調だ。2024年3月期は自動車の増産を受け、最終利益は115・7%増となる。1株利益は81・6円（前期は37・8円）、配当は3円増の10円とする。時価のPERは6・5倍、PBRは0・48倍と出遅れている。

◉ユニバンス（7254）の週足

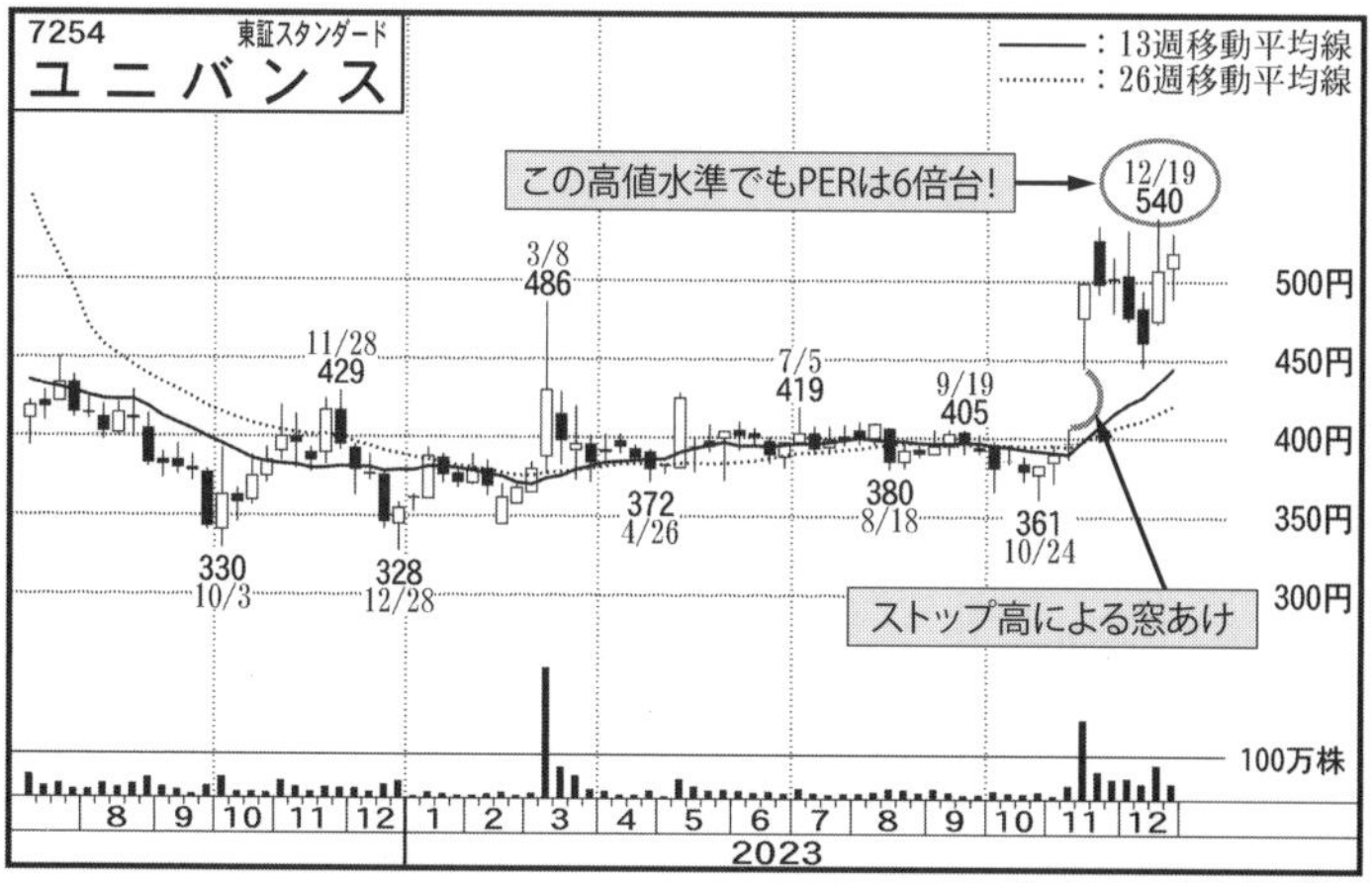

◆**業績発表後にストップ高**　2023年は362円で寄り付き、3月8日に486円まで上昇したが、その後は400円をはさんだボックス相場に終始した。しかし、同年11月10日の業績発表を受け、翌営業日にはストップ高を示現した。前ページで述べたように、今期の大幅増益予想と増配計画が素直に好感された形である。2022年1月には1,152円の高値があり、上値余地は大きい。

■ ターゲット・プライス ■

直近株価＝533円 ➡ 2024年の目標株価＝640円

■ データ ■

▶5年来安値＝**144円**（20/3）　▶5年来高値＝**1,152円**（22/1）

▶予想配当利回り＝**1.9%**　▶予想PER＝**6.5倍**

▶2024年3月期の予想純利益（前期比）＝**17.0億円**（+115.7%）

東証スタンダード

★★★
対抗
候補銘柄

コメ兵ホールディングス（2780）

家庭の〝隠れ資産〟の流動化が追い風に！

◆積極的な出店が業績をあと押し、2ケタ増益続く

日本の家庭には、44兆円の〝隠れ資産〟が存在する、といわれている。これは高級ブランド（服、バッグ）、貴金属などのこと。生活防衛に加え、リユース品に対する抵抗感が薄れ、業況は絶好調である。**ゲオホールディングス（2681）**などもそうだが、この業界の活況は継続するだろう。

コメ兵ホールディングスはこうした状況を追い風に、積極出店を続けている。2024年3月期の出店は30～40店に達する。東京・渋谷のほか、銀座に「KOMEHYO GINZA」をオープンするなど、意欲的な経営を展開している。

足元の業績は絶好調だ。2023年3月期は64・1％増益となったが、2024年3月期は30・0％増、2025年3月期も2ケタ増益が予想されている。2024年3月期の配当は88円（前期は60円）、来期は100円が見込まれている。

◉コメ兵ホールディングス（2780）の週足

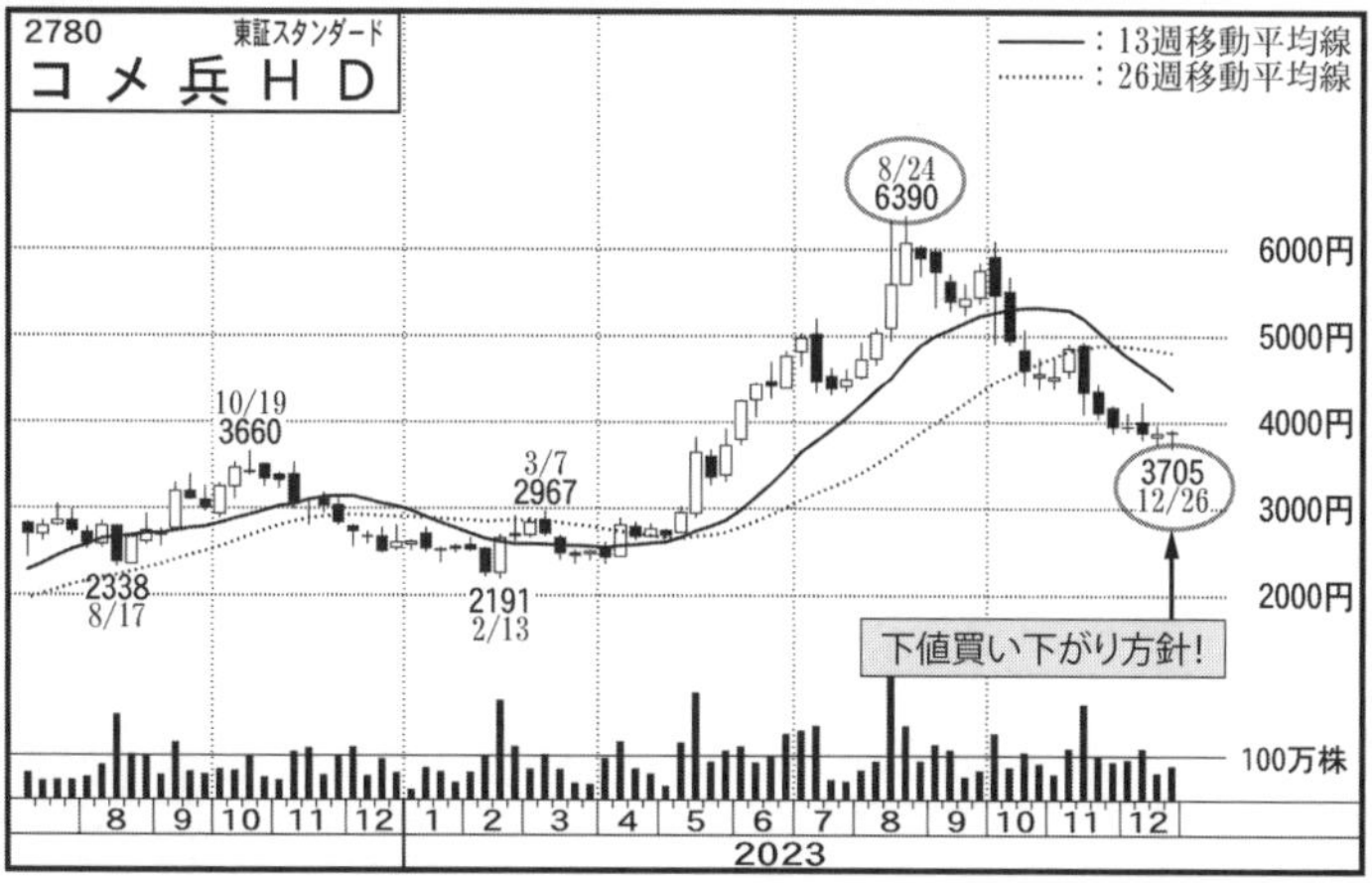

◆押し目買いの好機到来　2023年は2月13日に2,191円で底打ち後、7月10日の5,200円までほぼ一本調子の上昇トレンドが続いた。さすがに同月中旬には反落したが、再度の切り返しを見せて8月24日には6,390円まで買われている。直近は4,200円台まで下げているが、この水準の予想PERは9倍台と割安であり、買い安心感がある。

■ ターゲット・プライス ■

直近株価＝4,215円 ➡ 2024年の目標株価＝5,480円

■ データ ■

▶**5年来安値＝628円（20/4）**　▶**5年来高値＝6,390円（23/8）**

▶**予想配当利回り＝2.1％**　▶**予想PER＝9.6倍**

▶**2024年3月期の予想純利益（前期比）＝48.2億円（+30.0％）**

東証スタンダード
★★★★
大穴
候補銘柄

じもとホールディングス（7161）

SBI系企業が筆頭株主の宮城県の地銀！

◆黒字基調が定着、半導体工場の進出も再建を後押し

きらやか銀行、仙台銀行を傘下に持つ宮城県地盤の持ち株会社である。**SBIホールディングス（8473）**グループのSBI地銀ホールディングスが筆頭株主（発行済み株式数の16・9％を保有）になっている。

報じられているように、SBIホールディングスと台湾の力晶積成電子製造（PSMC）は宮城県（大衡村）に8000億円を投じ、半導体工場を建設する。総投資額が10兆円を超える熊本県（菊陽町）とはスケールが違うが、東北圏の活性化につながるのは間違いない。当然、銀行業界は潤うだろう。

業績は再建途上だ。公的資金が780億円（優先株）残っている。ただ、黒字基調は定着、2024年3月期は10円配当を行なう（前期は12円50銭）。減配だが、再建途上の現状を考えればやむを得ない。それでも、時価の予想配当利回りは2％近くある。

◉じもとホールディングス(7161)の週足

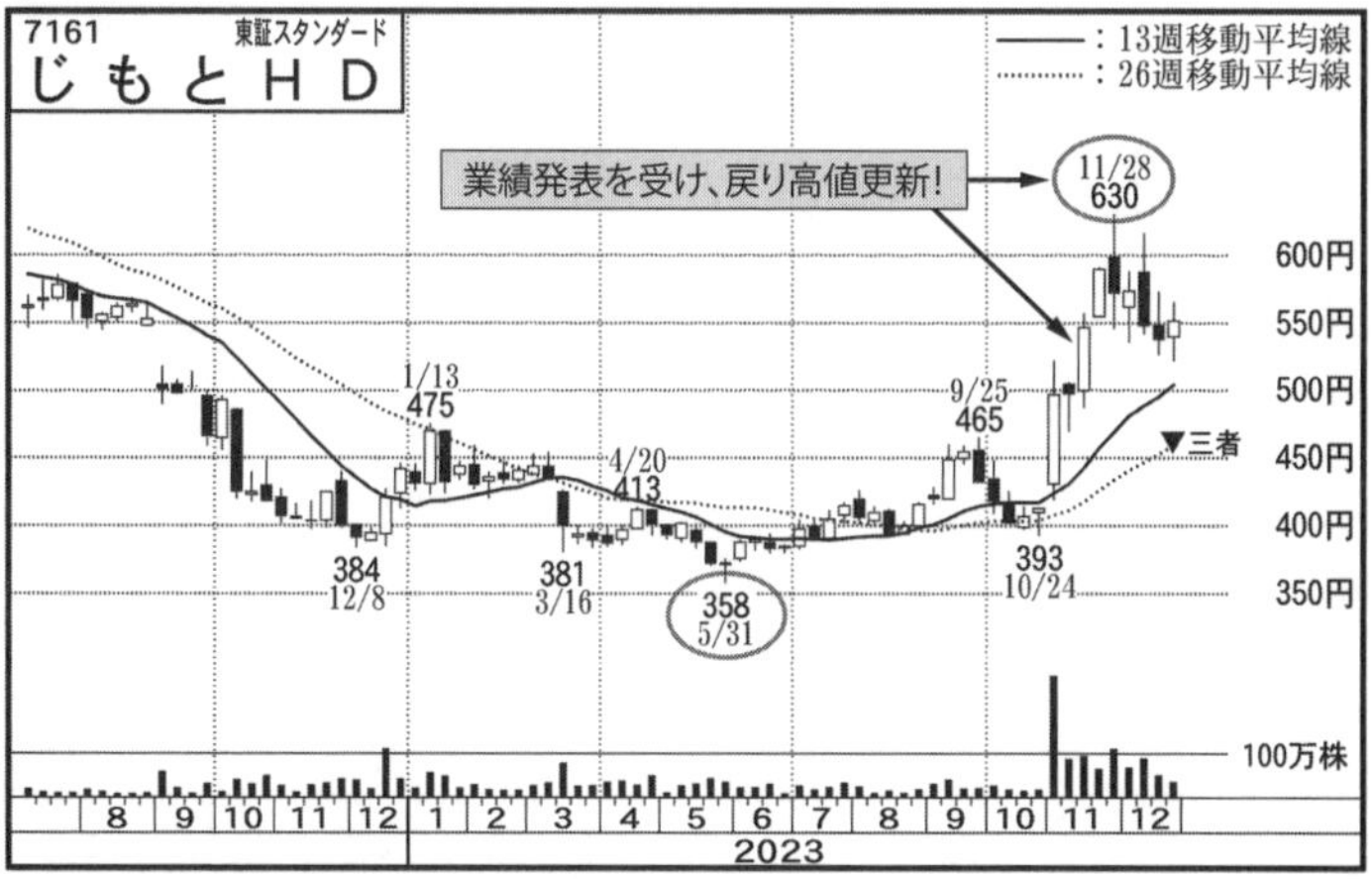

◆買い安心感出て上昇トレンド入り　2023年の株価は440円でスタートしたが、5月31日には358円まで売られた。これは年初安値であると同時に5年来の安値でもある。しかし、その後はジリ高歩調となり、11月14日の業績発表で今期の黒字転換が明らかになると、株価は一気に630円まで上昇した。潮目は大きく変わったといえるだろう。

■ターゲット・プライス■

直近株価＝552円 ➡ 2024年の目標株価＝773円

■データ■

- ▶5年来安値＝**358**円(23/5)
- ▶5年来高値＝**1,340**円(19/1)
- ▶予想配当利回り＝**1.8**%
- ▶予想PER＝**8.3**倍
- ▶2024年3月期の予想純利益(前期比)＝**17.0**億円(黒字転換)

東証グロース
★★
本命
候補銘柄

カバー（5253）

業績好調、成長力抜群のニューフェイス！

◆売買ランキング上位が示す東証グロース市場の人気銘柄

東証グロース市場の人気銘柄である。連日、売買ランキングの上位にランクされている。時価総額は1840億円に達する。東証プライム市場などへの指定替え（昇格）は早期に実現するだろう。

Vチューバー事務所「ホロライブプロダクション」を運営している。グッズ販売とライセンスが収益源だ。両部門とも「絶好調」という。2023年3月上場のニューフェイスだが、知名度は着実に上昇、先発のANY COLOR（5032）追撃の体制が整いつつある。

足元の業績は好調だ。2024年3月期、2025年3月期はともに2ケタ増収を確保できる。1株利益は今期が53円、来期が80円がらみと予想されている。

大手証券の投資判断は「A」（強気）となっている。低成長経済下にあって、この成長力は高い評価を与えられるだろう。

◉カバー(5253)の週足

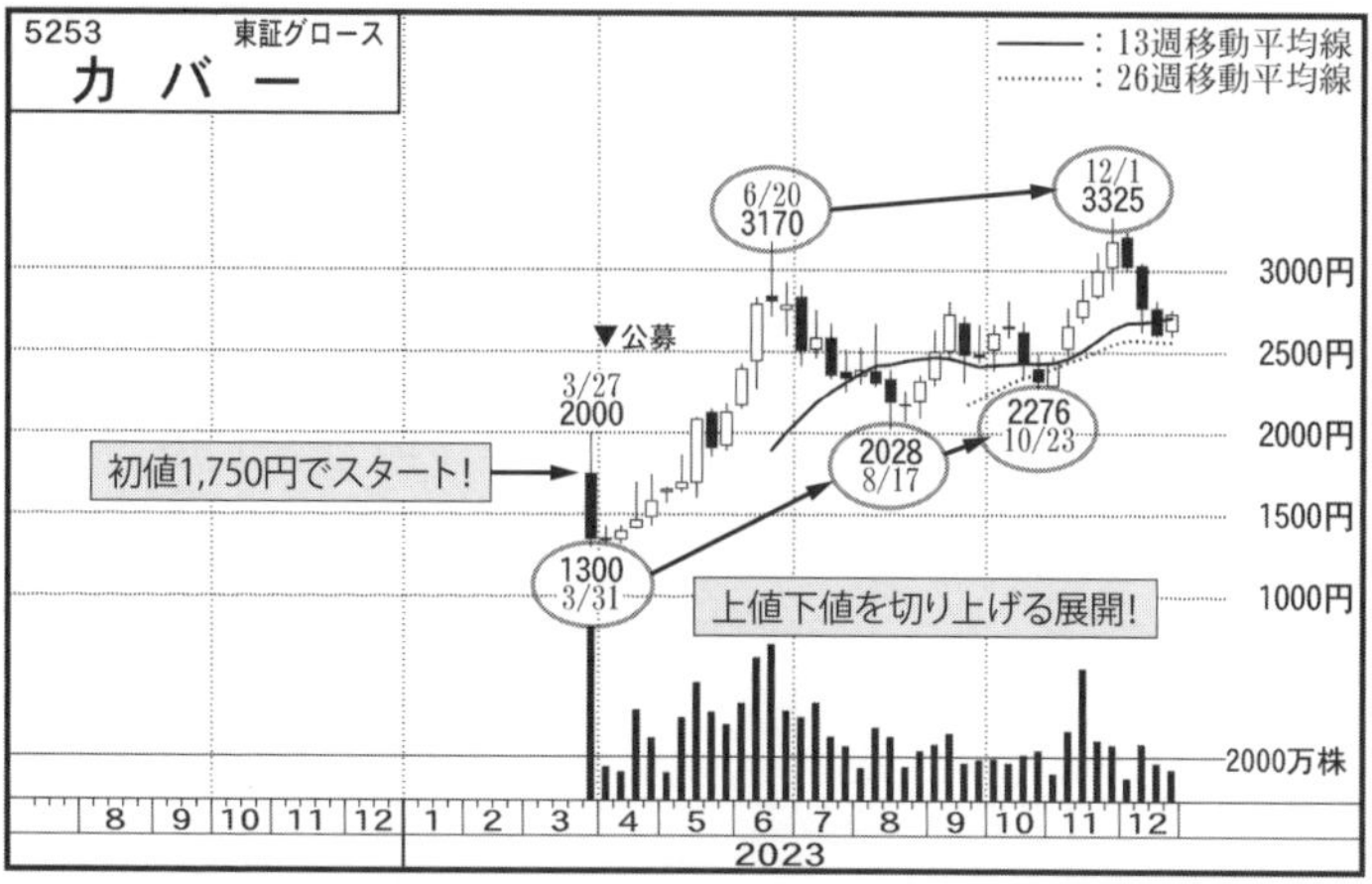

◆**押し目を入れながら高値更新続く**　2023年3月27日、1,750円でスタートした株価は、3月31日に1,300円まで値を下げた。しかし、その後はこの上場来安値を起点に右肩上がりのトレンドとなり、6月20日には3,170円、12月1日には3,325円まで買われている。この間、8月には2,028円まで売られたが、上値、下値をともに切り上げており、押し目買いが報われる銘柄といえよう。

■ **ターゲット・プライス** ■

直近株価＝2,825円 ➡ 2024年の目標株価＝3,390円

■ **データ** ■

▶5年来安値＝**1,300**円(23/3)　▶5年来高値＝**3,325**円(23/12)

▶予想配当利回り＝**0.0**%(無配)　▶予想PER＝**53.4**倍

▶2024年3月期の予想純利益(前期比)＝**32.36**億円(+29.0%)

東証グロース
★★★
対抗
候補銘柄

インバウンドプラットフォーム(5587)

急成長を支えるインバウンド需要！

◆エアトリが筆頭株主、大幅増収増益続く

インバウンド(訪日外国人)向けにWi-Fi端末のレンタル事業を行なっている。2023年8月に上場したばかりだが、順調に業容を拡大、グロース市場の人気銘柄に育ちつつある。旅行券予約サイト、旅行アプリなどを展開する**エアトリ(6191)**が筆頭株主(発行済み株式数の66・4%を保有)になっている。

訪日外国人数は、月間ベースでは2019年のピーク時を上回ってきた。この年、訪日外国人は約3200万人だったが、2023年10月の251万6500人を単純に12倍にすると、3000万人を超える。2024年には史上最高水準を上回るだろう。

業績は好調に推移している。2023年9月期は82・5%増収、189・2%経常増益だった。続く2024年9月期は30・8%増収、20・3%経常増益の予想だ。急成長が継続する。1株利益は前期が80・0円、今期が93・8円となる。

◉インバウンドプラットフォーム（5587）の日足

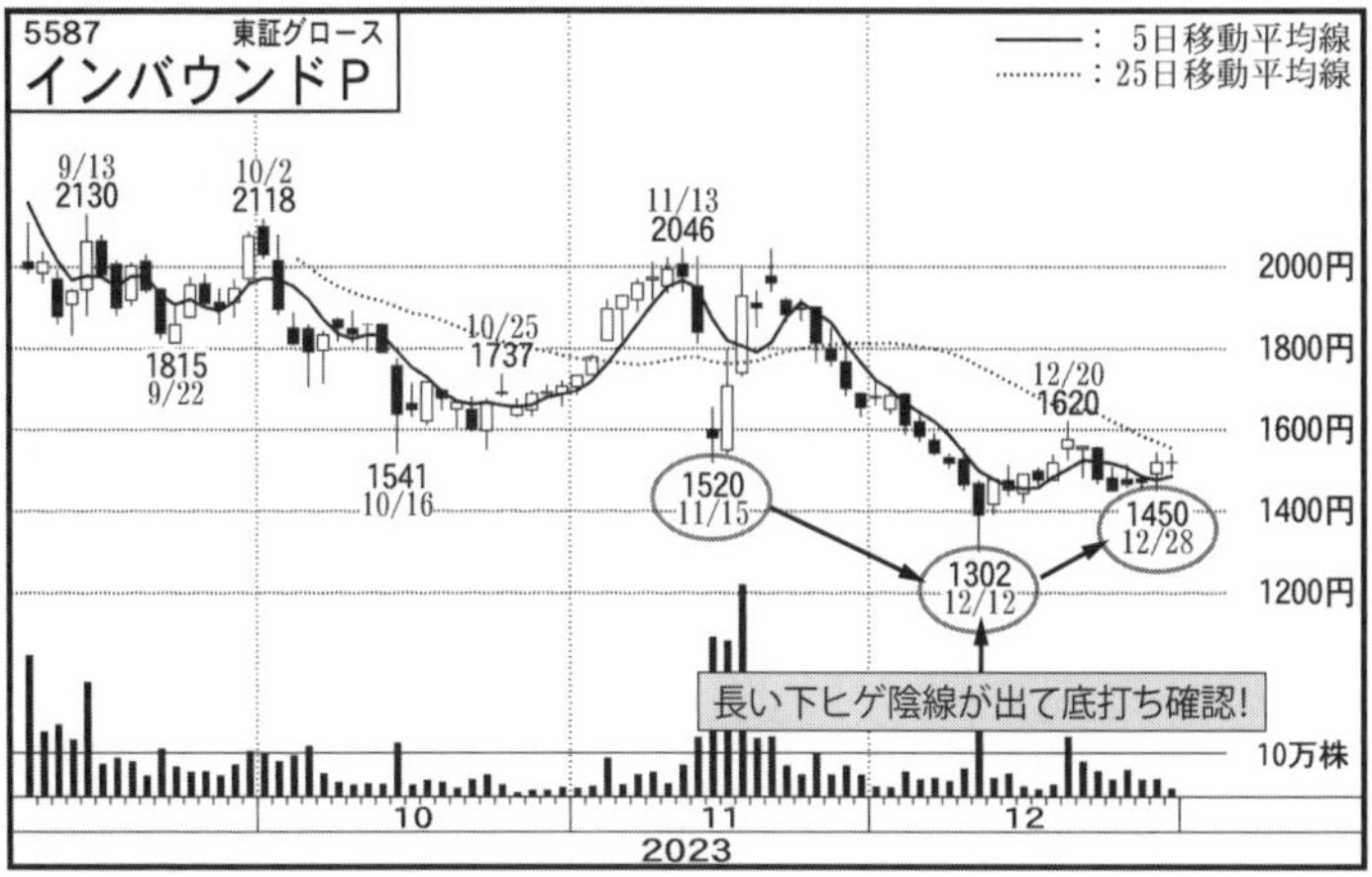

◆底打ち後の切り返しが継続　新規上場した2023年8月30日、株価は2,551円の初値をつけ、当日2,980円まで急騰した。この間の上昇率は16.8%に達したが、現状、ここが上場来高値となっている。上場後、株価は下値を切り下げる展開となり、決算発表翌日の11月15日に1,520円、12月12日には1,302円まで売られた。しかし、業績は好調であり、株価は上昇に転じている。

■ ターゲット・プライス ■

直近株価＝1,586円 ➡ 2024年の目標株価＝2,060円

■ データ ■

▶5年来安値＝**1,302**円（23/12）　▶5年来高値＝**2,980**円（23/8）

▶予想配当利回り＝**0.0**%（無配）　▶予想PER＝**16.9**倍

▶2024年9月期の予想純利益（前期比）＝**3.17**億円（+25.8%）

東証グロース
★★★★
大穴
候補銘柄

LAホールディングス（2986）

新興不動産業界のガリバー的存在になる！

◆好調な業績を背景に増益、増配が続く

不動産会社ラ・アトレを母体とする持ち株会社だ。新築不動産販売、更生不動産販売、不動産賃貸とバランスの取れた業態である。収益性の高い物件を扱っている。IoTと情報セキュリティ機材をマンションに投入するなど、収益源の多様化をはかっている。

2023年6月には東証グロース市場に続き、福岡証券取引所に重複上場した。これは沖縄県3位の大手マンションデベロッパーを買収するなど、九州での知名度向上を狙ったものだ。

足元の業績は好調である。2023年12月期に続いて、2024年12月期も2ケタ経常増益を達成できるだろう。2023年12月期の配当は10円増の210円としたが、次期も増配（期末配当は220円がらみ）を期待してよい。経営者の力量が「優」である。

レシオ面でもPERは7倍台と出遅れており、配当利回りは4・7％と高い。将来的にはプライム市場への指定替えがあろう。

◉LAホールディングス（2986）の週足

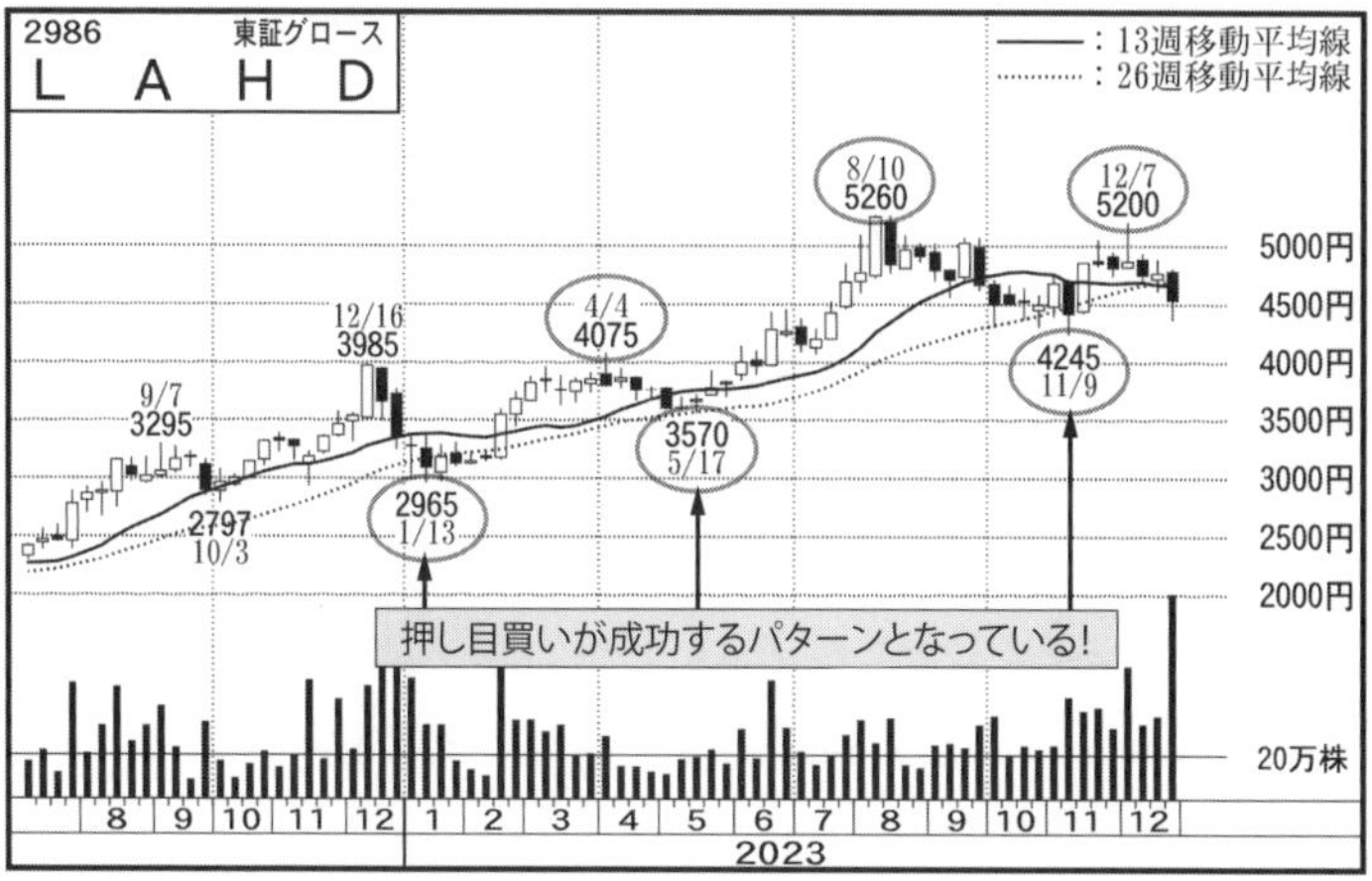

◆雄大な上昇相場が継続中　2020年7月に新規上場、初値750円でスタートした。株価はその直後に620円まで下げたが、ここを底に急反騰に転じる。2021年には2,516円、2022年には3,985円と高値を更新し、2023年8月には5,260円まで買われている。それでも、先に述べたようにレシオ的にはまだ割安であり、上値余地は大きいと思う。

■ターゲット・プライス■

直近株価＝4,425円 ➡ 2024年の目標株価＝6,200円

■データ■

- ▶5年来安値＝**620円**（20/7）
- ▶5年来高値＝**5,260円**（23/8）
- ▶予想配当利回り＝**4.7%**
- ▶予想PER＝**7.5倍**
- ▶2023年12月期の予想純利益（前期比）＝**34.0億円**（+0.1%）

コラム 06

ユニークな名証上場銘柄

（東証“昇格”を狙う！）

名古屋市場には、業界トップクラスのユニークな企業がたくさん上場している。**エコム（6225）**、**ASNOVA（9223）**、**アップコン（5075）**、**成友興業（9170）**などがそうだ。収益力があって、将来性は「良」の銘柄が多い。ただ、難点は流動性が低いことに加え、証券会社によっては注文を受けつけないケースがあること。

また、携帯端末などで株価情報が取れない証券会社もある（SBI証券は可能）。このため、名古屋上場銘柄は敬遠される。しかし、その分、割安に放置されている。

リサイクル会社の**ミダックホールディングス（6564）**は当初、名証単独上場だった。筆者は当時（2018年秋）、同業の**イボキン（5699）**を推奨していたが、同社は最終処分場が兵庫県たつの市と遠いのがネックだった。遠いと不便だ。輸送費もかかる。

その点、ミダックホールディングスの処分場は静岡県浜松市にある。産業廃棄物処理の“主戦場”の首都圏に近い。これは有利だろう。ただ、名証単独上場は困る。その後、同社は東証上場を果たし、それを契機に業容が急拡大したのはご存じのとおりである。

さて、前述の銘柄群は、そろって東証上場を経営目標に掲げている。もちろん、すぐ「東証にクラ替え」というわけにはいかない。ただし、これらの会社は事業規模、収益性では東証上場の資格を十分に満たしている。アップコンは、ウレタン樹脂による地盤修復工事に強みを有し、成友興業は、首都圏を中心に環境事業、建設事業を手がけている。環境事業の柱はがれきを破砕し、再生して販売する。首都圏のビル、道路などの更新需要は50年分あるともいわれている。

◎あとがきに代えて

◆投資で成功するにはマーケットの特性を理解すること、チャート分析が不可欠！

株式投資において、大切なのは需給の確認である。古来、「需給はすべての材料に優先する」という。マーケットは巨大資本（国際マネー、ヘッジファンド、年金資金、機関投資家など）に支配されている。

このため、「3月、9〜10月、年末年始の相場は荒れる」などのアノマリー（説明のつかない不思議な出来事）が起きる。これは彼ら巨大資本の投資行動に起因する。

個人投資家は、こうした〝特性〟を理解しておく必要がある。それと、講演会などで質問が多いのが「売りどきが難しい」というものだ。確かに、「そろそろピークかと判断して売ると急騰するし、もっと上がるだろうと思って売らずにいたら急落した」などというケースはよくある。

だからこそ、テクニカル・アプローチ（チャート分析）が不可欠になる。全体相場および個別銘柄の売り場、買い場をつかむには株価の足取りを追うのが効果的だ。「チャートは投資家の杖」というではないか。

◆投資家の杖「株価チャート」のパターンを覚えて儲けよう！

本書は2024〜2026年までの3年間、「株で攻める！」ための銘柄をいくつかの切り口によって取り上げた。お読みいただいた読者の皆様は、どのような理由（背景）を拠り所に何を買えばいいか、おおむねお分かりいただけたと思う。

しかし、大事なのはそのあとだ。株式投資で大切なことは「何を買うか」「何を売るか」だけではない。「いつ買うか」「いつ売るか」が成否を決める。株価チャートは、その「いつ」を見極める際、最も頼りになる武器となる。

このため本書では、筆者が投資対象の1つに加えてほしいと考えた銘柄について、すべてチャート付きで解説した。第2〜5章に巻末特別付録を加えると、全部で51銘柄ある。もちろん、時間が経過するにつれ、チャートの鮮度は落ちる。しかし、株価チャートには不変的なパターンがいくつも存在する。それらを知れば、投資成績が飛躍的にアップすることは間違いない。株価チャートは、相場の羅針盤といえる。

次ページの図版は、筆者が2023年にすばる舎より上梓した『**株価チャートのすごコツ80**』の一部である。この**日本製鉄**（**5401**）のチャートを見ると、Ⓐ とⒷで「毛抜き底」が出現している。毛抜き底は、下降を続けてきた相場が安値圏に到達し、連続

◉『株価チャートのすごコツ80』の一例（本文119ページより抜粋）

下降相場のあとに出現する毛抜き底

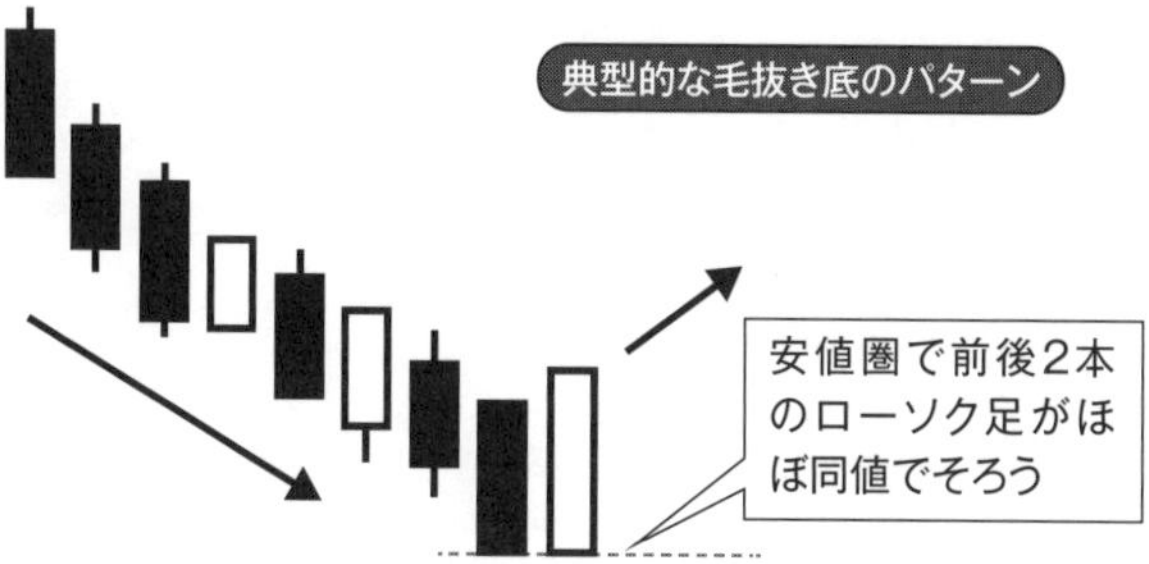

毛抜き底が出現した例

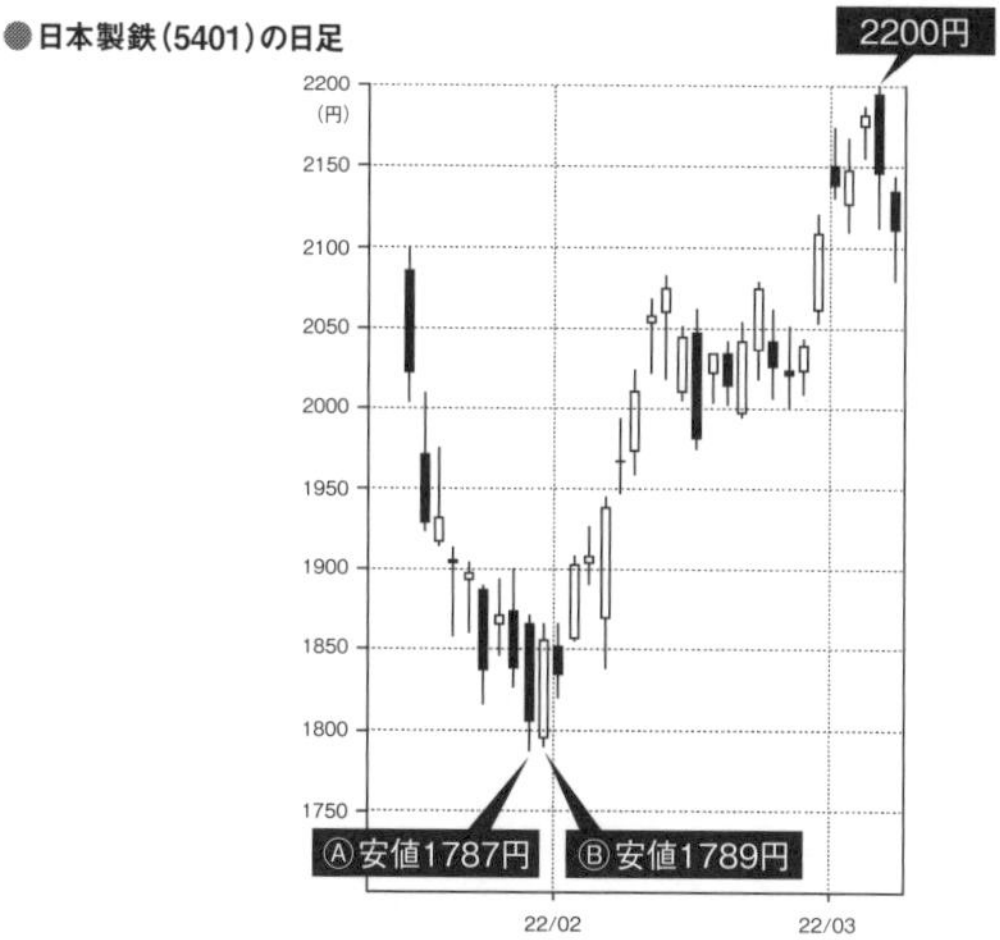

POINT

前後２本のローソク足が、どのような形になれば毛抜き底となるのかを理解する。

◉『株価チャートのすごコツ80』の内容

したローソク足の安値がほぼ同値となるパターンで、信頼性の高い買いサインとなる。実際、その後、同社株は急反騰に転じている。

今回、本書で紹介した51銘柄についても、相場の指南書ともいうべき『株価チャートのすごコツ80』と併読すれば、売買タイミングのつかみ方をより分かっていただけると思う。

一言に２０２４~２０２６年までの3年間といっても、時間は長い。その間、想定外のリスク要因が株価を直撃しても、チャートパターンを理解していれば、パニックにならないで済む。

株式投資は悪戦苦闘すればするほど投資成績が向上する。ともに悪戦苦闘し、大いに儲けようではありませんか。

〈著者略歴〉　**杉村 富生**（すぎむら・とみお）

◎――経済評論家、個人投資家応援団長。
◎――1949年、熊本生まれ。明治大学法学部卒業。「個人投資家サイドに立つ」ことをモットーに掲げ、軽妙な語り口と分かりやすい経済・市場分析、鋭い株価分析に定評がある。兜町における有望株発掘の第一人者といわれ、事実、数々のヒット銘柄を輩出している。金融・経済界に強力なネットワークを持ち、情報の正確さや豊富さでは他を圧倒している。
◎――ラジオNIKKEI『ザ・マネー』などにレギュラー出演中。株式講演会も好評を得ており、全国各地に熱烈な“杉村ファン”がいる。
◎――主な著書は『株価チャートのすごコツ80』『ウィズコロナ→ポストコロナはこの「厳選株」で攻略せよ！』『株は100万 3点買いで儲けなさい！』『新成長株で勝負せよ！』『老後資金2000万円はこの株でつくりなさい！』（いずれも小社）など。これまでの著書は110冊以上、累計100万部を超える。

【杉村富生の兜町ワールド】 https://www.e-stock.jp/

装丁 ………………………… 菊池 祐（ライラック）
本文デザイン・イラスト … 笹森 識
本文校正 …………………… 相良 孝道
チャート提供 ……………… ゴールデン・チャート社

これから3年 株で攻める！

2024年 2月 3日 第1刷発行

著　者――杉村 富生
発行者――徳留 慶太郎
発行所――株式会社すばる舎
〒170-0013 東京都豊島区東池袋3-9-7 東池袋織本ビル
TEL 03-3981-8651（代表） 03-3981-0767（営業部）
FAX 03-3981-8638
URL https://www.subarusya.jp/
印　刷――株式会社光邦

落丁・乱丁本はお取り替えいたします

ISBN978-4-7991-1196-3

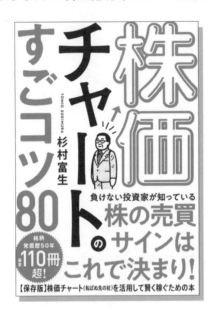